Leonard Orr / Konrad Halbig / Franz Simon

Ende der Sehnsucht

Anleitung zum Leben im Paradies

Autoren

Leonard Orr, ist der Begründer der weltweit bekannten Atemtechnik Rebirthing, ist verheiratet und Vater von zwei Kindern. Unter seiner Leitung werden in Afton, dem internationalen Trainingszentrum für Rebirthing in USA, Rebirther ausgebildet. Er ist Autor von zahlreichen Büchern und ins deutsche wurde bereits »Bewußtes Atmen« und »Geboren für die Ewigkeit« übersetzt. Beide Bücher sind im Goldman Verlag erschienen.

Konrad Halbig, geboren 1952, leitet seit 1984 Rebirthing-Gruppen und seit 1989 bildet er Rebirther aus. Langjährige Meditationspraxis in indischen und tibetischen Klöstern waren der Grundstein für sein Interesse am Rebirthing. Er ist Co-Autor von »Bewußtes Atmen« und »Geboren für die Ewigkeit«. Herausgeber der Kartensets »Ich Bin Affirmationen« und »Eins-Sein«, sowie der Audiokassetten »Bewußtes Atmen« und »Ich rufe die Engel, Essener Morgenmeditationen«.

Franz Simon, in Österreich geboren, gelernter Schriftsetzer, ausgebildet in verschiedenen Techniken der Körperarbeit (Yoga, Rebirthing u.a.). Langjährige Auseinandersetzung mit Fragen der Psychologie, Esoterik und der alten Magie (Huna). Lebt heute als freier Journalist und Autor in München. Folgende Bücher sind bisher von ihm erschienen: »Angst, Wut und Schmerz - eine Expedition zu den verflixten Gründen« (Lucy Körner Verlag), »Der Flirt mit der Negativität« (Simon und Leutner) und »Wie man den Zufall manipuliert, Magie im Alltag« (Simon und Leutner).

Leonard Orr / Konrad Halbig / Franz Simon

Ende der Sehnsucht

Anleitung zum Leben im Paradies

Originalausgabe

KOHA Verlag, Burgrain

Der Text von Leonard Orr wurde von Peter Geiger
aus dem Amerikanischen übertragen.

Die Deutsche Bibliothek - CIP-Einheitsaufnahme

Orr, Leonard; Halbig, Konrad; Simon, Franz
Ende der Sehnsucht
Anleitung zum Leben im Paradies
Originalausgabe
Made in Germany. 2. Auflage April 1997,

Almstr. 4
D-84424 Burgrain
Umschlaggestaltung und
Gesamtherstellung: Josef Neumayer
Titelbild: Dorothea Seror
Lektorat: Karin Schnellbach
Druck: Wiener Verlag

ISBN 3-929512-07-6

Vorwort

Lieber Leser,

wir befinden uns im Zeichen des Wandels und durch das Ende des Jahrtausends keimt Endzeitstimmung auf. Plötzlich häufen sich die Vorhersagen für große Umwälzungen, die große Reinigung der Erde (Mahakranti) oder die Zeit in der »die Spreu vom Weizen getrennt wird«. Die Offenbarung des Johannes, die Weisagungen des Nostradamus, wie auch die bayerischen Seher Mühlhiasl oder Irlmaier sind aus verschiedenen Zeiten und unterschiedlichen Lebensumständen und beschreiben doch ein und das selbe Ereignis, sogar bis ins Detail. Und allmählich verstärkt sich das Gefühl, daß der Zeitpunkt nicht mehr allzu fern sein kann. Natürlich wird dies von vielen nicht ernst genommen, als Weltuntergangsstimmung der Sektierer belächelt.
Doch viele Wissenschaftler sind sich einig, daß die Zerstörung der Erde bereits in großem Maße stattgefunden hat, nur für uns noch nicht sichtbar genug.
Mit dieser Tatsache konfrontieren wir uns nur ungern und schieben die Verantwortung auf unsere Politiker, Banker oder manch Insider auch auf die Illuminati. Wir hoffen, daß es irgendwie so weiter gehen wird, daß wir uns nächstes Jahr wieder die wohlverdiente Urlaubsreise leisten können und, daß wir vielleicht zuletzt doch noch unsere Rente bekommen. Dabei sagt uns schon der gesunde Menschenverstand, daß es nicht immer so weiter gehen kann. Befinden wir uns nicht in einem Strudel von nicht mehr aufzuhaltenden Sinnlosigkeiten, durch dauerndes Wirtschaftswachstum und ständig gesteigertes Konsumverhalten?
Durch unsere Lebensweise zerstören wir ja nicht nur die Natur, sondern erst einmal uns selbst. Wie soll denn unser Bewußtsein wachsen, wenn wir nicht endlich anfangen, etwas dafür zu tun ?
Die Zeit ist reif für einen Wandel. Die konsumorientierte Form des Amüsierens wird immer mehr Menschen langweilen. Es gibt nämlich noch ganz andere Freuden, die wir aber erst noch lernen müssen.

Dieses Buch ist der erste Schritt dazu, denn es beginnt genau da, wo jeder bei der Veränderung und Gestaltung dieses Planeten anfangen soll, nämlich bei sich selbst.
Es ist mit viel treffendem Humor und Einfühlungsvermögen geschrieben und behandelt ein Thema, welches nur jeder allzu gut kennt: Die vielen kleinen Tode des täglichen Lebens. In diesem Werk geht es um Lebendigkeit im wahrsten Sinne des Wortes. Es soll Mut machen und den Leser ein Stück weit auf dem Weg der Erkenntnis und Heilung begleiten. Das Paradies (nicht das Schlaraffenland) existiert auf dieser Erde, wenn wir bereit sind mit unserem Selbst und der göttlichen Liebe in Verbindung zu treten.
Viel Spaß dabei!

Liebe Leserin,
lieber Leser,
lieber Paradies-Vogel,

wer zu einem Buch mit dem verheißungsvollen Titel wie »Ende der Sehnsucht - Anleitung für das Leben im Paradies« greift, ist entweder ganz nahe dran (und holt sich nur noch die schriftliche Bestätigung) - oder ganz schön weit weg?

Tatsächlich gibt es einige mehr oder weniger eindeutige Kriterien, die darauf hinweisen, daß man sich auf dem richtigen Weg - nach oben? - befindet.

Zum Beispiel:

Das Lesen dieses Werkes (alternativ sei noch das Bibelstudium erwähnt);
komisches (oder gar kosmisches?) Pfeifen in den Ohren sowie ein zunehmendes Bedürfnis, eiskaltes Bier in sich hineinzuschütten;
natürlich die »Klassiker der Himmelfahrt«: der starke Wunsch zu beten oder (verhalten) zu fluchen.

In einigen Schriften wird, sozusagen als »Vorbote der Himmelfahrt« auch ein leichter Temperaturanstieg erwähnt - hast du häufig schwitzende Hände?

Aber auch: Automatisches Schreiben,
Automatisches Singen (ohne ersichtlichen Grund),
Automatisches Überziehen des Kontos wie von Geisterhand.
Gefühle der Verschwörung seitens der Umwelt - hast du öfters das Gefühl, daß andere über dich nichts Gutes reden?

Auch Gefühle von tiefer Brüderlichkeit und alles umfassender Liebe (z.B. mit den Verschwörern).

Das Gefühl, nicht derjenige zu sein, der man wirklich ist (wurde häufig nach Gesprächen mit Vorgesetzten beobachtet).
Nervöses Blinzeln, auch erregt-motorisches Flattern mit Armen und Beinen (wie kurz vor dem Abheben)!

Mal ganz ehrlich, liebe Leserin, lieber Leser - kommt dir eines der oben genannten Symptome bekannt vor? (Mir kannst du es ja ruhig sagen), mehrere?

Alle...?

Alle aufgeführten und noch weitere, nicht erwähnte?

Sehr gut, lies weiter.

Ist dir das Ganze erst in der letzten Zeit aufgefallen, schon seit Beginn des Wassermannzeitalters, oder erst nach dem Besuch der letzten Esoterikmesse?

Dieses Buch ist eine Anleitung, ein Ratgeber für Himmelfahrten, ja der erste Paradiesführer überhaupt.
Einige haben es versucht, o h n e dieses Buch den Eingang zum Paradies zu finden - von den meisten hat man nie wieder was gehört... Einer wurde unlängst in der Mandschurei gesichtet: einsam, verarmt, mit einem kommunistischen Parteiprogramm zwischen seinen klammen Fingern und einem Leninorden am verschmuddelten Revers -. Einige versuchten es, indem sie sich eine Glatze schneiden ließen. Andere stehen regungslos im Bund der Auserwählten im U-Bahn-Untergeschoß und lächeln, als wüßten sie mehr .

Therapie? Viele Therapeuten beschäftigen sich sehr ausführlich mit der VERTREIBUNG aus dem Paradies; warum nicht mit der Wiedereingliederung?

Was blieb noch unerwähnt? - Vollkornbrot? Frische Blutwurst? ZEN-Kalligraphie? Mantra singen, Meditation? Erbsenpuhlen - Blumengießen?

Die Methoden sind vielfältig, oft anstrengend und teuer, aber selten so günstig wie durch den Kauf dieses Buches erhältlich. Die Quintessenz sämtlicher östlicher und westlicher Diwane und Weisheitslehren, übersichtlich zusammengefaßt in einem Band, inclusive Mehrwertsteuer - jetzt, hier, direkt vor dir... Und egal ob du reinkommst oder nicht, es war auf jeden Fall eine gute Investition! Schon die edle Aufmachung allein rechtfertigt den Preis.

Jedes Geheimnis hat seinen Schlüssel; und den brauchen wir auch, wenn wir durch das Himmelstor schreiten wollen. Oder schweben. Oder rennen. Ganz wie es beliebt. Daß der Schlüssel zum Paradies eine Art Generalschlüssel ist, versteht sich wohl von selbst. Da geht nichts mehr mit Scheckkarte am Türspalt runterziehen. Auch der Mann vom Schlüsseldienst kann da nicht mehr weiterhelfen; es sei denn, sein Overall beult sich auf seinem Rücken, dort, wo die Flügel verknicken...
Rein wollen sie alle...

Aber wie kommt man rein? Wie geht man, denkt man positiv, oder denkt man überhaupt was? Wie ist man angezogen, und wie laufen die anderen rum? Wo wohnt man, sind die Appartments geräumig, oder eher individuell? Wenn der Chef auftaucht (im Rolls Royce?), wirft man sich zu Boden, oder macht man völlig unbeeindruckt weiter - und falls ja, womit? Gibt es da Nichtraucherzonen? Siezt man sich, oder bleibt man eher beim vertraulichen Du? Wie stellt man die richtigen Fragen, wie verhält man sich; und vor allem: Wie BLEIBT man drin?

FOLGE MIR...

PARADIES - ODER WAS?
Wo ist denn hier der Eingang?
Von den drei Möglichkeiten, wie man n i c h t hineinkommt.

1. DER SCHLAUE FUCHS UND DIE »FALSCHE« PARTEI

Du bist ein schlauer Fuchs (glaubst du). Nur weil du eine Ecke radikaler wählst, als du vorgibst. Weil du von Recht und Ordnung schwärmst, dich aber ohne jede Skrupel über die lästigen Geschwindigkeitsbeschränkungen hinwegsetzt, in dem heimlichen Glauben, daß sowas nicht für dich gedacht sein kann - den »anderen« muß man mehr auf die Finger schauen! Auch mit der Idee im Hinterkopf, daß die Radarkontrolle dich laufen läßt, weil du Stammwähler bist... Klar: Recht muß Recht bleiben. Da hast du recht! Was regst du dich dann so über die Strafzettel auf? Aber freue dich bloß nicht zu früh. Gegen dich ist nämlich selbst eine elektronische Radarfalle ein Gerechtigkeitsfanatiker, wenigsten sie hält sich ohne Vorurteile an den Grundsatz: »Alle Menschen sind gleich.« Du bist nämlich ganz was Besonderes. Du bist einer von denen, die hier geboren sind. Und das macht dich mächtig stolz.
Zurück zum Paradies, oder vielmehr zum Eingang: Wie willst du reinkommen, wenn du beim Jüngsten Gericht mit dem »Kreisboten« unterm Arm am Himmelstor auftauchst? Sie werden dich nicht reinlassen, fürchte ich... Auch nicht, wenn du beteuerst, daß dort wo deine Glatze sitzt, mal blondes deutsches Haar wuchs!
Dir kann keiner was vormachen - weil du dir nämlich ständig selber was vormachst. So bist du halt mal: man muß dich nehmen wie du bist. Gottseidank tun das die wenigsten.
Klar, daß du auch für »Sauberkeit« und »Ordnung« bist; zu Hause bringst du deine Frau (aber wahrscheinlich ist es noch immer die Mutter) fast zum Verzweifeln, weil du überall in der Wohnung deine Socken liegen läßt. Und auch die Fernsehillustrierte ist selten an ihrem Platz! Besonders ausgeprägt (glaubst du) sind dein Hang zu »Disziplin« und »Härte». Doch wenn du im Kreisboten liest, daß die Alternativen schon wieder zugelegt haben, fängt dein Augenlid verräterisch an zu zucken, und flattert wie ein aufgescheuchter Vogel. So ein »Mordskerl« wie du - harte Schale, weicher Kern. Wobei ich bei dir manchmal das Gefühl habe, es verhält sich genau umgekehrt: weiche Schale, harter Kern!
Du bist einer derjenigen, der noch was aus der Welt machen könnte. Gott-

seidank geht es nicht nach dir. Doch leider darfst du wählen... Und besonders am Stammtisch, da zitierst du in ausschweifender Rede ganze Spalten des Kreisboten. Dein Adrenalinspiegel ist völlig aus dem Häuschen, du glühst wie eine Siebzehnjährige, die zu ihrem ersten Rendezvous geht. In der Kindererziehung bist du selbstverständlich für eine harte Hand - hast du schon vergessen, wie die Ohrfeigen des Vaters auf deiner Kinderwange brannten? Und wenn du es wirklich vergessen hast, wieso führst du dich dann so auf?
»Richtige« Männer sind natürlich immer Männer voller Widersprüche... Deshalb hast du dich beim Autokauf für den billigen »Ausländer« entschieden? Bei dir herrscht noch Ordnung, du hast alles im Griff - wie schön für dich! Bis auf deine chronische Verstopfung natürlich, und eine leichte Tendenz zur Schuppenflechte. Noch so ein Widerspruch... Bei so vielen Widersprüchen endet ja der Weg oft fast zwangsläufig bei der falschen Partei. Wir müßten bloß die richtigen Politiker wählen (glaubst du), und wir sind wieder »wer». Fragt sich bloß, wie kommst du eigentlich zu diesem Buch?

Harte Arbeit ist für dich der Schlüssel zur Lösung aller Probleme. Bravo! Vorausgesetzt, daß man dich damit verschont... Indem du zum Beispiel permanent die Mittagspause überziehst, weil du in der Kantine bis nach dem Pausengong deine größenwahnsinnigen Theorien diskutierst, die man in jeder konservativen Zeitung nachlesen kann.
Und von »Pünktlichkeit« redet einer, der als erster an der Stempeluhr die letzten fünf Minuten abwartet!
Deine Theorien sind ausschließlich von Gestern. Schade nur, daß sie schon wieder modern sind. Aber der Druck im Kopf ist trotzdem geblieben, und wenn mich deine Kollegen richtig informiert haben, ist es auch mit deiner Schuppenflechte wieder schlimmer geworden?
Vertrauen ist gut - Kontrolle ist besser (glaubst du).
Kontrolle ist gut - Vertrauen ist besser (sage ich).
Vielleicht läßt auch deine Verstopfung dadurch ein wenig nach?
Wenn nur ... »die Ausländer und Asylanten« nicht wären. Ja dann. Wenn alles ganz anders wäre, dann, ja dann, wäre alles ganz anders. Für einen wie dich, der mit seinen Gehalt eh die ganzen Drittländer fast alleine finanziert.
Alles müßte wie gestern sein; nein besser: wie vorgestern!

Zaun rum, Dackel, Kreisbote und Weißbier rein. Wobei die Frage auftaucht: Wenn alles ganz anders wäre - wo stellst du dann das Weißbierglas hin?
Falls jemals Gefühle da waren, unterdrückst du sie. Und aus dieser Leere heraus - die du auch noch mit dem Paradies verwechselst! - ziehst du den verhängnisvollen Schluß: Alle anderen sind auch so. Sind sie aber nicht, das kommt dir bloß so vor! Und ganz ohne Gefühle bist du ja nun auch wieder nicht: Allein bei der Vorstellung eines Döner Kebap werden deine Magennerven augenblicklich munter! Schade nur, daß es kein deutsches Nationalgericht ist. Und daß Thailand nicht in Deutschland liegt. Wo du so gerne nach Pattaya fliegst.
Mal ehrlich - dieses Buch hast du nicht selbst gekauft, stimmt's? Wenn's hoch kommt, dann hast du es geschenkt bekommen. Wobei ich mich frage, wie du in die Gesellschaft von Menschen gerätst, die solche Bücher verschenken? Oder hast du es in der Autowaschanlage gefunden und mitgenommen, in der irrigen Meinung, es sei ein Parteiprogramm? Oder hat mein Verlag irrtümlicher Weise ein paar Werbeflyer im Kreisboten ...?
Auf jeden Fall: Das Paradies, oder auch nur seinen Dienstboteneingang, wirst du nie und nimmer in Verordnungen, Gesetzen und starren Regeln finden - auch nicht durch den Nachweis, daß du Deutscher bist.
Denn das Paradies hält sich nicht an Nationalitäten, dort behandelt man Schwarze genauso wie Weiße, Asylanten und Ausländer wie alle anderen. Sogar dich wird man wie einen normalen Menschen behandeln. Denn der Himmel kennt keine Zäune und hat keinen Stacheldraht; auch den Kreisboten soll es da nicht geben. Zumindest nicht in der Ausgabe, die du kennst.
Du wirst noch viele solcher Bücher wegwerfen müssen, um sie in irgendwelchen Nacht und Nebelaktionen wieder aufzuheben. So wie's im Moment bei dir ausschaut, warten noch jede Menge Inkarnationen auf dich: Als Verurteilter, Vertriebener, Nachtwächter, Feuerwehrmann und Toilettenfrau (türkisch)... Und wenn du in einigen tausend Jahren etwas mehr Bewußtsein entwickelt hast, nimm den Faden wieder auf -
UND LIES EXAKT AN DIESER STELLE HIER WEITER!
(Allerdings kann ich dir nicht verbindlich garantieren, daß dieses excellente Aufklärungswerk, das du soeben durch barmherzige Fügung eines ansonsten ziemlich gnadenlosen Schicksals - welches bis auf diese Ausnahme nicht mit sich spaßen läßt! - in Händen hälst, dann noch immer käuflich im Buchhandel zu erwerben ist.)

2. DER DRUCK IM KOPF MUSS VON WOANDERS KOMMEN

Einen Fuß hattest du (fast) drin; immerhin hast du die Partei gewechselt... Ein gewaltiges Stück Freiheit, und als Belohnung ist auch die Schuppenflechte etwas zurückgegangen - fragt sich nur wielange? Du hast endlich deine Raten abbezahlt, bist auch nicht länger Abonnent des Kreisboten. Durch längeres Indichgehen bist du draufgekommen, daß die Bierpreise schon gestiegen sind, als es noch gar keine Asylanten gab. Bravo!
Instinktiv hast du erkannt: Die Geschichte der Menschheit ist seit ihrem Anbeginn auch die Geschichte einer schweren Schuld. Der Mensch erkannte, was Gut und Böse ist. Du hast diese Tatsache etwas »modifiziert», indem du dich auf den Sündenfall des Alltags gemacht hast. Du grübelst darüber nach, w e r nun der Gute oder der Böse ist.
Wobei du draufgekommen bist: d u hast dir nichts zuschulden kommen lassen.
Du bist unschuldig?
Aber wo sitzen sie, die Schuldigen, schwarzen Schafe, Spitzbuben? Und fortan zieht sich die Frage »Wer war es?« wie ein roter Faden durch alle deine Aktionen.
Engagiert hast du die Suche nach Sündenböcken bei den »Anderen« aufgenommen - in der verzweifelten Hoffnung, daß so der Druck im Kopf wenigstens vorübergehend nachläßt. Und tatsächlich, das hat was... Solange du einen Schuldigen hast, geht es dir kurzzeitig tatsächlich besser. Doch kaum hast du dein vernichtendes Urteil gesprochen, kommt er wieder. Der Druck, versteht sich. Was für ein interessanter Mechanismus! (Was du nicht weißt: 95% der mündigen Bevölkerung machen es ähnlich!)
Endlich...
Die »Gesellschaft«, der »Streß«, die »Raucher« (da du selbst rauchst: »Die intoleranten Nichtraucher«!). Die »Unternehmer«, die »Viren«, das »Finanzamt«, die »kinderreichen Familien« - nein: Die »Singles«!
Nackt und unschuldig liegen sie vor dir, die Wahrheit und die Schuldigen.
NUR DER DRUCK IM KOPF IST TROTZDEM GEBLIEBEN...

Das Paradies kennt keinen Druck im Inneren des Kopfes... Glaubhaften Schilderungen zufolge ist es ein Ort, oder ein Zustand tiefer Harmonie, völliger Entspannung, frei von Verstopfung, Schuppenflechte kennt man

allerhöchstens vom Hörensagen. Wie es diejenigen erzählen, die schon mal drüben waren, ist es eine Idylle, eine Oase der Unschuld, ein Hort der Schuldlosigkeit, wo man weder Angriffe, Verteidigung, noch Selbstverletzung kennt. Es soll dort auch keine schwarzen Schafe, Spitzbuben oder Schlawiner geben.
Aber soweit sind wir noch nicht...

WEITERSUCHEN!

»Die Hölle«, sagte schon der Philosoph Jean Paul Sartre, »sind immer die Anderen.« Bravo. Der Mann hat recht.
Wer recht hat, zahlt! Demzufolge müßte die ganze Welt schon pleite sein.

3. DER DRUCK IM KOPF KOMMT DAHER, DASS ICH HALT EINFACH EIN SCHLECHTER MENSCH BIN.

Sehr gut.
Du bist ziemlich nahe dran... Schade, daß du total daneben liegst. Es geht nicht um Selbstkasteiung, Askese, Selbsterniedrigung - auch nicht um Selbsterhöhung! Die sind nämlich oft derart aufgeblasen, daß sie nicht durch das Himmelstor passen! Mein lieber Paradiessucher, es geht auch nicht um Schuld, Sünde, Selbstanklage, oder »Wurm-zu-Wurm-und-jetzt-nieder-auf-die-Knie«. Da hast du nicht richtig aufgepaßt im Religionsunterricht, oder du hast doch aufgepaßt und die haben noch nichts von Eugen Drewermann gehört?
Selbst wenn du dich jetzt in Sack und Asche hüllst, zu allem entschlossen, »nach innen« zu gehen (da war ich schon, ist auch nicht viel los): Legionen von Berufsmeditierern sitzen bereits am Himalaja, mit der wahnwitzigen Idee im Hinterkopf, daß man am ehesten ins Paradies kommt, wenn man sich im Schneidersitz die Finger blaufriert. Vergiß die Handschuhe nicht!
Vielleicht verdienst du es auch wirklich nicht, reinzukommen? Du nimmst deine Unzulänglichkeiten nämlich eine Spur zu ernst. Andere haben auch welche.
Dein Leben scheint unter dem unsichtbaren Motto zu stehen: »Wer wagt - verliert...« Du befürchtest ständig das Schlimmste, und wie gewünscht, kriegst du es natürlich auch. Siehst du, so funktioniert schon die himmlische Gerechtigkeit! Oder im psychologischen Terminus ausgedrückt: Die Schuld ruft nach Bestrafung, und ihr wird stattgegeben!
Und mit dieser Leidensmiene, einer Art Visitenkarte von dir, läufst du durch die Gegend - klar, daß sich die anderen auch gerne vorstellen!
Ist man längere Zeit mit dir zusammen, bekommt man das Gefühl, daß Kopf und Gedanken schwer werden. Kann es sein, daß sich der Gesang der Vögel plötzlich irgendwie schwermütig anhört? Spätestens an diesem Punkt sollte man ohne lange Erklärungen zur Flucht ansetzen... Aber im allgemeinen wirkst du so unauffällig, daß wer dich sieht, dich meistens sofort wieder vergißt; vergißt man dich doch nicht, wirst du in der Regel mit jemand anderem verwechselt.
Ich fürchte, s o werden sie dich nicht reinlassen! Weißt du, daß die Typen an der Pforte ähnlich den Türstehern hier unten arbeiten? Die Verrücktesten, ausgeflipptesten Typen, kommen am ehesten rein! Individuali-

sten, Abenteurer, Lebenskünstler, mit Klamotten, daß man sie vom weiten mit einem Papagei verwechselt! Du mußt noch sehr viel an dir arbeiten - nicht nur innerlich. Auch an deinem Outfit!
Vielleicht solltest du einfach mal dein Typstudio wechseln?
Meistens katapultierst du dich selbst schon raus aus dem Paradies, bevor Petrus überhaupt noch dazu kommt, den elektrischen Türöffner zu betätigen. Zum Beispiel in dem du deine Fragen so formulierst, als wäre die ablehnende Antwort schon darin enthalten: »Sicher hast du keine Lust morgen mit mir auszugehen?« (Habe Gottseidank was besseres vor.) Wobei natürlich oft auch die Klarheit zu kurz kommt. Wie unlängst bei der Brünetten: »Kommst du noch auf 'nen Kaffee?« »Kaffee - nein danke. Ist bei mir um diese Zeit nicht mehr drin. Zum Bumsen wäre ich gerne mit hochgekommen.«
Noch einmal: Nie und nimmer kann es um Schuld gehen, will man dem Weißbärtigen begegnen, der mit dem goldenen Buch auf den Knien (vielleicht ist es auch dieses?) die endlose Schlange der Wartenden in links oder rechts (alternativ oder konservativ) einweist. Auch Kategorie 2 wird vergeblich wütend gegen das Himmelstor treten, weil er glaubt, die »Scharniere« sind schuld, daß die Tür nicht aufgeht!
Für mich bist du einer, der kurz vor der Transformation steht, so wie manche schon ungeduldig vor der Rente stehen (Was Kategorie eins mit dem Paradies verwechselt!) - oder kurz vor dem Zusammenbruch? Glaub mir, alle Erleuchteten Meister haben diese grausame Erfahrung der absoluten persönlichen Vernichtung gemacht, auch ich.
Auch mir geschahen in dieser Phase Dinge - die könntest nicht mal du erklären! Als würden alle Briefträger, Frauen, Fitnessclubs und Automechaniker zusammenarbeiten, nur um mir zu schaden. Dabei kannten die sich nicht einmal untereinander! Mein Konto schien sich wie von Geisterhand von selbst zu überziehen, Chefs, Kinder und sogar die eigenen Kollegen verloren sämtlichen Respekt vor mir - und du weißt ja am besten, wie das reinhaut!
Und in einem bestimmten, gewissen Sinne arbeiteten sie ja auch zusammen - hinter all den »bösen Zufällen«, da steckte ein ganz bestimmtes System. Es war die Logik der Transformation, die Gerechtigkeit eines unendlichen und doch so schlüssigen Kosmos; es war die unendliche Barmherzigkeit eines gütigen alten Mannes mit weißem Vollbart...
Beende deine ermüdenden Rundgänge bei den verschiedenen Psychiatern, Rhetorikkursen, und »Wie manipuliere ich richtig«-Seminaren. Sie

wissen die Antwort auf dein Warum nicht - woher auch, wenn du es selbst nicht weißt?
Trage die leeren Flaschen zurück, nimm das Pfandgeld - und hau ab, irgendwohin... Wo du schon immer hinwolltest. Geh einfach woanders hin. Nur um zu erkennen, daß es DAS wieder nicht ist... Wenn nicht Indien, oder die Bahamas, oder Grönland - wenn auch diese O r t e nicht das Paradies auf Erden sind, was dann? Vielleicht ist dieser Ort ein Zustand in deinem Kopf? Oder in deinem Herzen?
Der Haken an der ganzen Sache mit dem Paradies scheint ja der zu sein, daß wir u n s überallhin MITNEHMEN! Und selbst im Paradies würden wir es über kurz oder lang schaffen, es zu einer mittleren Absteige herunterkommen zu lassen. Und der Hausmeister ist unter Umständen auch schon da, der Chef, das Finanzamt, ich, der dich mit diesem Buch erwartet, und auch der Typ, dem du die fünf Mark noch immer nicht zurückgegeben hast...
Unsere Gedanken erzeugen genau die Wirklichkeit, vor der wir fliehen wollen...
So einfach ist das. (Was denkst Du?)

4. Wie man reinkommt

Egal, in welcher der 3 Kategorien du dich befindest (oder in einer der ungezählten anderen, die hier nicht genannt werden); egal, wie clever du bist, oder auch, wie dumm du dich anstellst, um trotzdem auf deine Kosten zu kommen. Egal welche Partei du wählst, welches Auto du fährst, welche Krawatte du trägst oder wie deine Einstellung zu jungen Mädchen ist - trotz aller Verschiedenheit gibt es EINEN herrschenden, gemeinsamen Grundgedanken: Sicher ist nur der Tod; irgendwann muß ich sterben - DER TOD IST UNAUSWEICHLICH...

Ach ja... muß ich?

Jedenfalls hat dieser Gedanke einen tiefgreifenden Einfluß auf unser Leben. In allem was wir tun, denken, riskieren - oder unterlassen! Ja, vielleicht ist dieser Gedanke der Motor für alle unsere Handlungen?

Denn diese Glaubensvorstellung hat den größten Einfluß darauf, WIE WIR LEBEN! Sie arbeitet wie ein geheimnisvoller Virus, unentdeckt äußerst wirksam, und macht uns für die Schönheit des Lebens blind, trübt das Jetzt. Diese Vorstellung sabotiert heimlich unsere Aktionen, läßt uns zu Verlierern (»looser«) werden, weil's eh nichts zu gewinnen gibt.

Wie sehr wir uns auch abstrampeln oder nach Erfüllung suchen, der Tod lockt als »Finale«. Aber i c h bin es selbst, der dem Leben das Leben gibt, und dem Tod den Tod!

Sterben fängt im kleinen an: sich nicht zeigen (genau die zurückgehaltenen Dinge sind es oft). Innerlich absterben vor lauter Angst, etwas falsch zu machen oder daß »Eigenes« zum Vorschein kommt. Lieber spinnen die Menschen mit ihren Marotten und Zwängen herum, statt SICH wirklich auszudrücken.

Nein zum Leben, nein zu dir und zu mir, nein zu Gott, nein zu meinen Gefühl - und dieses gewaltige innerliche NEIN nimmt irgendwann kosmische Dimensionen an und hallt uns als Echo, als »Schicksal« zurück: Sterben, Unglück, Krieg, Naturkatastrophen, geraubte Seelen, gebrochene Herzen.

Verschlossenheit ist aller Laster Anfang. Wo lebendige Gegenwart mit toter Vergangenheit angefüllt ist. Trennungen: Ich und du, Negativität und Positivität, Himmel und Hölle.

Leben und Sterben sind Symbole für Befindlichkeiten! Der Tod meiner Illusionen *über* den Tod ist der einzige Tod, den es gibt! Frühestens beginnt der Eintritt des Todes mit geistigem Luftanhalten.
»Paradies« ist das, was wir aus dem Leben machen. Die Angst vor dem Tod macht unser Leben »endlich«, diese Welt zu einem unbewußten Ausdruck dieser Todesangst, schafft eine Welt voller Sinnlosigkeit und Begrenzungen.
Wenn wir diese unbewußte Todesfurcht in eine bewußte Ekstase des ewigen Lebens transformieren, verliert der Tod seine Macht über uns...
Der äußere Tod ist nur eine Widerspiegelung unseres inneren Abgestorbenseins.
Das kannst du nicht glauben? - Siehst du, d a s ist schon ein Todesgedanke!

ERSTES KAPITEL

Der Tod - ein dicker Brocken!

Der Tod ist ungesund, Tod-langweilig, und ein »Mords«-Handikap zum Glücklichsein ...

Der Glaube an die Unvermeidbarkeit des Todes ist wahrlich ungesund. Schon der gesunde Menschenverstand sollte uns dies sagen. Die psychosomatische Medizin hat demonstriert, daß unser Glaube unsere Gesundheit beeinflußt. Welchen praktischen Wert hat also der Glaube an den Tod, wenn du dir gleichzeitig wünscht, gesund zu sein? Das paßt doch überhaupt nicht zusammen!

Allein der **Glaube,** der Tod wäre des Lebens (der Weisheit!) letzter Schluß, tötet Millionen von Menschen.

Selbst wenn du Krankheiten, Unfälle und hohes Alter sicher überstehst und du die spirituellen Reinigungstechniken samt Affirmationen anwendest - selbst dann wird dich dein eigener Todesglaube am Ende töten. Wohlgemerkt: nicht der Tod, sondern der Glaube daran!

Es sei denn, du änderst diesen Glauben.

Für das geistige wie für das körperliche Wohlbefinden erscheint es sinnvoll und praktisch, den Glauben an die Unausweichlichkeit des Todes zu hinterfragen. Unsterblichkeits-Vertreter betonen dies ständig: »Sollte der Tod wirklich unvermeidbar sein und jenseits deines Einflusses, dann würde dich der Glaube an körperliche Unsterblichkeit zumindest nicht schädigen!« Wir geben viel Geld für Dinge aus, die uns im Grunde schaden - der Glaube an die Unsterblichkeit ist auch noch kostenlos. *Der Tod ist ein nutzloser Brauch, ein völlig überflüssiges Ritual, eine schlechte Gewohnheit - und zusätzlich zeugt er auch noch von schlechtem Geschmack...*

Eine weitere Feststellung des gesunden Menschenverstands - wie er auch Unsterblichkeits-Vertretern zur Verfügung steht - wäre diese: »Der Tod tritt nicht zufällig auf, sondern prinzipiell mit statistischer Regelmäßigkeit, die sich schön nach der Familientradition richtet.« Der Zeitpunkt des Todes wird nicht von Gott oder der Natur, vom Todesengel oder Angestellten des Teufels festgelegt, sondern von einem familieneigenen Gewohnheitsmuster.
Die Eltern »vermachen« den Kindern den Tod (welch schweres Erbe!), bewußt oder unbewußt, von Generation zu Generation, und bemerken das nicht einmal!

Durch das statistische Verhalten, daß Mitglieder derselben Familie generationenlang an den gleichen Symptomen und etwa im gleichen Alter sterben, kalkulieren die Versicherungsgesellschaften ihre Prämien.

Falls du nun aber unbedingt an Vererbung glauben mußt: Warum, so frag' ich dich, treten dann Ausnahmen auf? Charles Dickens starb zum Beispiel mit 59, sein Sohn Charles Culliford Dickens starb ebenso mit 59, sein Enkel Charles Walter Dickens starb mit 58. Doch lebten Dutzende seiner anderen Nachfahren zwischen 10 und 50 Jahren länger.

Diese divergenten Tendenzen scheinen kundzutun, daß eine Familientradition automatisch weitergereicht wird, solange das einzelne Familienmitglied sich der familienbestimmten Programmierung nicht bewußt wird. Sowie der Einzelne Verantwortung für dieses selbstgewählte Lebensprogramm übernehmen **will**, ändert sich das Lebens- und Todesmuster.

Unsterblichkeits-Repräsentanten sagen, wir können diese codierten Programme abändern und die Lebensqualität unserer Körperzellen verbessern. Denn diese bilden einen lebendigen, plastischen Organismus und sind formierbar wie transformierbar durch den gezielten Einsatz von Autosuggestion und auch anderer Disziplinen. Könnte es sein, daß das ganze Konzept des Todes lediglich durch unsere nie beargwöhnte Meinung entstand? Konsequent, wie wir sein sollten, tragen wir dann die Verantwortung für einen eintretenden Tod, egal ob wir Unfall oder Krankheit als **Tarnung** unseres Selbstmordes verwenden oder als Entschuldigung bzw. Rechtfertigung. Jeder Mensch der stirbt, begeht im Grunde Selbsttötung. Doch leider sind nur die vorurteilsfreien und erleuchteten Seelen sich dessen bewußt, und geben es auch zu.

Du bist unsterblich, solange du nicht das Gegenteil beweist.

*Der Todestrieb ist deine philosophische Orientierung -
aber nur während du am Leben bist!*

Solange du lebst, ist der Tod nur müßige Spekulation, die allerdings Krankheit, Fehlschläge, Haß, Depression, Hilflosigkeit heraufbeschwört. Stattdessen könntest du dich am Leben erfreuen.

Die Hauptgründe des Todes

Die Hauptgründe vieler Menschen, nicht ewig in ihrem Körper leben zu wollen, sind Langeweile, Erfolglosigkeit und körperliches Kränkeln. Das sind verständliche Gründe. Würdest du dich noch weitaus länger miserabel fühlen wollen, als es schon der Fall gewesen ist?

Nein! Ohne Erfolg, gute Gesundheit und Glücksgefühl ist Langlebigkeit nicht erstrebenswert! Doch was wäre, wenn dein Todestrieb es ist, dein Glaube an des Todes Unbedingtheit, der jenes Elend, jenes Kränkeln deiner selbst verursacht?

Es gibt nur einen Weg herauszufinden, wie es sich anfühlt, in einem Universum ohne Tod zu leben: du mußt es ausprobieren.

Versuch doch, dir deinen Geist und deine Seele mitsamt deinem Körper als EWIGWÄHREND vorzustellen. Bist du, als Gottes Kind, nicht wahrlich auch Verkörperung des ewigen Lebens?
Zur Langeweile. Meine Definition: »Mühevolle Unterdrückung negativer Gedanken.« - Das Gefühl der Langeweile ist nichts anderes als die Furcht, uns könnte etwas Schlimmes zustoßen - aufgrund derer wir dann nichts unternehmen. Im frischen Wind dieser Begriffsbestimmung wirst du bald prüfen, welchen Gedanken, welches Gefühl du unterdrückst. Und hast du es herausgefunden, so wird sich deine Langeweile auflösen und verwandeln in - Interesse, ja Neugier.

In Wirklichkeit gibt es nur zwei Emotionen: Liebe oder Angst. **Hinter allen negativen Gefühlen schwebt die Todesangst.** Und hinter ihr warten Liebe, Freude ... Weisheit!

Dein Körper alleine hat nicht die Macht, sich selbst zu töten. Das ewige Bewußtsein lenkt das Wachstum deines Körpers, und nur es kann ihn auch zerstören. Dieses Bewußtsein ist stärker als dein Körper und wird ihn auch überleben, mit oder ohne dein Wollen.

Gibt es nicht zahlreiche Berichte über Menschen, die klinisch tot waren, dann wieder zum Leben erwachten und über eine kontinuierliche Erinnerung und Wahrnehmung während jenes Zwischenstadiums« sprachen?

Wenn also dein Glücksgefühl wie auch dein Elend im körperlosen Zustand fortexistiert, dann ist wohl die Bedeutung des körperlichen Todes weit überschätzt worden. Und du kannst dich mal fragen, warum du es tolerierst, daß deine eigene Person von einem sogenannten »Todestrieb« tyrannisiert wird.

Um dich selbst töten zu können, mußt du unsterblich sein.

Ich habe mich oft gefragt, wie es möglich ist, daß ein Mensch Selbstmord begehen kann, obwohl er es ja gar nicht selbst ist, der sich das Leben gibt. Wie kann er es dann selber nehmen?

Daß Menschen sterben, erlaubt Gott nicht, es sei denn, sie wollen es unbedingt! Dürfen sie auch, aber dann sollen sie sich auch nicht beklagen ...

ZWEITES KAPITEL

Praktische Initiativen und Taten

Heutzutage breiten sich spirituelle Erleuchtung und Aufklärung rapide aus. Vielleicht sind wir deshalb schon bereit, mit unserem Körper eine realistischere Verbindung einzugehen; vielleicht sind wir schon so weit, für ihn verantwortlich sein zu wollen!

Vielleicht ist körperliche Unsterblichkeit eine Idee, deren Zeit jetzt gekommen ist?

Wenn du glaubst, im kommenden Jahrhundert würde der Tod besiegt werden - also bald -, ja, wenn du nur den etlichen Unsterblichen auf dem Planeten beistehen willst, des Todes schattige Macht, seine Macht über die Entwicklung der menschlichen Rasse in die Schranken zu weisen. Drei Dinge könntest du ganz konkret tun, um des Todes schattige Macht (oder auch nur sein hämisches Grinsen) in die Schranken zu weisen:

Erster Schritt: Das Verändern des Massenbewußtseins

Verbreite diese Informationen! Gib sie weiter an Vater, Mutter, Schwester, Bruder, an deine Verwandten und Freunde. Sende sie an Zeitungen, Wochen- und Monatsmagazine, sende sie an Hauspostillen und an die Herausgeber von Vereins-, Club- oder Bezirksnachrichten, sende sie an Kirchen, Rundfunk- und Fernsehstationen. Verschicke sie an bekannte, berühmte Persönlichkeiten, Politiker und an jedermann und jedefrau von Einfluß oder Führungsqualität. Verschicke sie an die örtlichen Sterblichen, an Polizeistationen, Ärzte und Krankenhäuser.
Je mehr wir das Denken der Masse, ihren Glauben an den Tod anzweifeln, hinterfragen und modifizieren, desto leichter wird es für uns, ewig zu leben.
Jeder einzelne Mann, jede einzelne Frau, die ernsthaft oder humorvoll die Unvermeidlichkeit des Todes bezweifeln, schwächen dessen Macht. Und dieser dynamische Feldzug mit der Zielsetzung, unseren Planeten für unsterbliche Menschenwesen sicher und lebenswert zu erhalten, ist, wie du wissen solltest, ein Feldzug, der dir das eigene Leben rettet. Denn er hat zum Ziel, die Umwelt auf lange Sicht zu bewahren und auch jene

»natürlichen« Katastrophen, wie sie der Erde prophezeit sind, zu verhindern. Oder lebtest du gerne auf einem baumlosen, verödeten, radioaktiven, schwefelsauer und chemisch imprägnierten Erdball - im nächsten Jahrhundert?

Die Unsterblichkeit deines Körpers währt genau solange wie es dich gibt! (Die Wette gilt.)

Zweiter Schritt: Das Verhindern von Krieg und Zerstörung

Ich glaube, daß der Todestrieb der Massen mitschuldig ist an Erdbeben, Dürren, Überschwemmungen und ähnlichen Katastrophen der »höheren Gewalt«.
Die Erde ist eine lebendige, bewußte Biosphäre und ein Beben in ihr gleicht einer gigantischen Herzattacke - für welche das Opferbewußtsein, wie es der Sterblichen-Mentalität über Jahrtausende eingebrannt worden ist, mitverantwortlich ist, und also auch für die tödlichen Folgen solcher Beben. Gäbe es in Kalifornien genügend Immortalisten, die Wahrheit, Liebe und Einfachheit in die Praxis umsetzten, dann bliebe es auch in den nächsten Jahren über Wasser, es sei denn, die Bürger stimmten dagegen. Aber jedenfalls stimmt jede Person, die dem Todesglauben frönt, eindeutig für das Desaster. Der Zweck von Endzeit-Prophezeiungen ist es, uns vor negativen Tendenzen zu warnen, so daß wir unsere verborgene Weisheit nutzen, um das Schlimmste zu verhindern. Immortalisten sind dem Frieden und der Sicherheit verpflichtet!

Viel lieber als die Berichterstattung über politischen Wahn, militärische Zerstörung, katastrophale Zustände und kriminelle Fakten in allen Menschenreichen dieser Erde würden wir sehen, wenn die Medien über Menschen berichteten, die sich der Tyrannei des Todestriebes entzogen haben und wirklich frei nun, aufwärts streben. Dies wäre die inspirierendste Lektüre! Jeder Erfolg zieht den nächsten nach sich, und jeder Mißerfolg läßt uns noch mehr versagen.

Dritter Schritt: Die Heilung der Negativität

Laß von deinem persönlichen Todestrieb ab; gib ihn auf!

Der Todestrieb ist wie ein psychisches Persönlichkeitsfragment zu behandeln; er kann isoliert und dann eliminiert werden. Er hatte sich gebildet aus Meinungen, Glaubensvorstellungen und Urteilen über den Tod, die du von deinen Eltern und der dich umgebenden Kultur übernahmst und mit deinen »eigenen« Gefühlen anreichertest.

Dieses negative, nach allen Seiten hin destruktive Element von Psyche und Verstand kann in vitale Energie umgewandelt werden, wenn du jede einzelne negativ besetzte Meinung und Vorstellung in eine positiv geladene verzauberst - Schritt um Schritt und Gedanke um Gedanke. Wende die Technik der AFFIRMATIONEN an. Anstatt zu glauben, du könntest sterben oder jeden Moment getötet werden, bestätige dir ruhig und einfach:

Ich verursache das Schicksal meines Körpers.
Ohne meine Zustimmung kann nichts mir schaden.

Bezweifle den Tod - und der Todestrieb wird schwächer!
Bringt dich deine Todesfurcht dazu, die affirmierende Bejahung der Unsterblichkeit erfolgreich anzuwenden, dann hat sich dein Todestrieb selbst zerstört. Das wäre das Allerbeste, und der wahre Zweck des Triebs zum Tod wäre erfüllt!

Medikamente und Arzneien, die Langlebigkeit versprechen, können deinen Todestrieb nicht ausradieren. Dein Körper wird von selbst all jene Zellsubstanzen produzieren, die für deine persönliche Langlebigkeit nötig sind, sobald deine Vorstellungen und täglichen Gewohnheiten von dir revidiert wurden.

Sowie du bereit bist, deinen Geist, deine Seele und deinen Körper ewig und göttlich werden zu lassen, hört der Tod auf, dein Feind zu sein. Tod - wo ist dein Stachel? Im Gegenteil - er wird dann zum Freund, der Krankheit und Elend beseitigt. Wärest du nur etwas nachgiebiger gegenüber dem Ewigen Leben in deinem eigenen Bewußtsein: der Tod würde deine gesammelte Niedergeschlagenheit und Furcht vernichten, als dein Freund, Diener, Retter. Dein Körper heilt sich selbst, in Übereinstimmung mit deinem Denken und mit deinen Vorstellungen. Letztlich wird dich nur und ausschließlich dein persönlicher Kontakt zum unbegrenzten Leben, dem Reservoir aller Energie, und zur unbegrenzten Intelligenz, dem Reservoir aller Ideen, heilen.

Du bist ein Ausdruck all dessen, was ist - von Natur aus ewig. Dein Trieb zum Tod dagegen ist von Natur aus selbstzerstörerisch und seine Macht hält nur so lange an, als du dich an ihn klammerst. In dem Augenblick, da du dich von ihm löst, wird sich Ewigkeit - deine ureigenste Charakteranlage als Liebe, Weisheit, Freude und körperliche Gesundheit entfalten, auf praktische, natürliche Art. Du kannst regelrecht fühlen, wie Ewigkeit sich ausdehnt, nach jedem positiven Gedanken.

In Wirklichkeit ist es nicht einfach, deinen Körper zu zerstören.

Dein Lebenstrieb, sofern du auf ihn hörst, warnt dich beharrlich vor einem schweren Unfall. Normalerweise dauert es auch lange Zeit, ehe dich eine schwere Krankheit ins Jenseits bringt. Viele Gelegenheiten also, dich daran zu erinnern, du solltest deine Einstellungen ändern.

Im Universum existieren enorme Knautschzonen.

Über 90 % aller Selbstmordversuche sind erfolglos. Dein Lebenstrieb macht dich unsterblich! Hier und Jetzt! Alles, was du zu tun hast, ist auf die Botschaften deines Körpers zu hören und sie zu respektieren. Jeder Schmerz signalisiert einen negativen Gedankenkomplex, der sich in dir einnisten konnte; sowie du dich von diesen typischen, destruktiven und negativen Gedanken und Assoziationen freizuhalten imstande bist, wirst du ewig leben. Der Schmerz wird vor allem von der Anstrengung verursacht, mit der du dich an einen negativen Gedanken kettest.

Positive Vorstellungen, Einfälle, Ideen verändern dagegen alles augenblicklich zum Freundlich-Wohltuenden. Dein körperliches Wohlbefinden drückt etwas aus: daß die Liebe Gottes in dir ist.

Spirituelle Reinigung ruft anhaltende Freude hervor.

Alle Schmerzsymptome kommen entweder von der Heilung des Körpers durch Geist und Seele oder von der Heilung der Seele durch Geist und Körper. Bei jeder Heilung hat das meditative Nachdenken über exakte Ursachen-Wirkungs-Beziehungen eine Schlüsselfunktion. Das heißt: Sobald du dich der Ursache annimmst, wird sich die Wirkung verändern. Wir alle wissen über dieses universale Gesetz.

Der Glaube an Gottes Liebe und Gnade und die natürliche göttliche Energie vermögen alles zu heilen. Die Seele, Erde, Wasser, Feuer, Luft, die Gemeinschaft mit reinen, heiligen Leuten sind die natürlichen Vermittler von Gnade, Liebe und gesteigerter Lebensenergie.

In einer alten Schrift steht geschrieben:

»Unsterblichkeit wird Jenen gegeben,
die die Unwissenheit ihrer Jugend entwirren.«

Vierter Schritt: Die Macht des Glaubens

Der Glaube an die Unausweichlichkeit des Todes ist genauso lächerlich wie die Vorstellung, daß Maschinen nicht fliegen können, sollten sie schwerer als Luft sein.

Ich selbst traf bereits sieben Menschen, die älter als 300 Jahre waren, und weiß von 18 weiteren Mehrhundertjährigen, die ich noch nicht gesehen habe.

DU HAST DIE FREIE WAHL ZWISCHEN EWIGKEIT - ODER »RECHTHABEN«, MIT TÖDLICHEM AUSGANG ...

Meine Empfehlungen:

- Absorbiere die *Affirmationen* und *Aphorismen* im Kapitel 4

- Gib nicht auf, wenn du versucht bist, das Handtuch zu werfen. Gefühle von Hoffnungslosigkeit, Depression und Hilflosigkeit sind letztlich impotent und werden sich im Nu wieder auflösen.

- Angst ist eine negative Vorstellung, die du jederzeit ändern kannst, indem du sie durch eine positive ersetzt.

- Gibt es einen Gott, dann liebt ER/SIE dich und deinen Körper. Wenn du in ihm Freude fühlst, so freut ER/SIE sich mit dir.

- Sprich mit Freunden über deine Gefühle, oder mit Menschen, die dich als spirituelle Ratgeber überzeugt haben.

- Visualisiere für dich und andere »reichhaltiges Leben« und »körperliche Unsterblichkeit« als allgemein akzeptierte Themen.

- Kündige aller morbiden Negativität in deinem Gemüt und Verstand die Gefolgschaft.

- Es ist gut und recht, einen spirituellen Lehrer, Guru oder jemand, der wirklich helfen kann, zu haben.

Visionäre Ideen erscheinen anfangs ziemlich merkwürdig; als ich das Rebirthing entdeckte, schien es für die meisten Menschen, ja selbst für viele Therapeuten, und besonders für orthodoxe Analytiker, einfach »unglaublich«, daß man die eigene Geburt wiedererleben kann. Heute haben Millionen Menschen diese Erfahrung gemacht. Die Idee der Unsterblichkeit stellt sogar die Geburterfahrung in den Schatten - sie ist imstande, dein Leben zu retten!

DRITTES KAPITEL

Dauerhafte Lebendigkeit

Krankheit will dich wachrütteln.

Sofern du JETZT lebst, liebt dich Gott.

Würde Gott dich nicht wirklich lieben - könntest du sonst diese Zeilen hier lesen?

Trotzdem ist der Glaube und die Meinung, Tod sei unvermeidbar, noch immer der größte Tötungsfaktor. Zwei Anschauungen sind meist dieser Glaubensmeinung zugesellt:

Erstens: »Der Tod liegt jenseits meines Einflusses.«

Zweitens: »Gott ist irgendwo da draußen, aber nicht persönlich auf Erden oder auf ihr als Prinzip, und auch nicht in meinem Körper!«
Allerdings verliert dieser Glaube, diese Meinung zusehends an Boden.

Jesus und fast alle biblischen Hauptcharaktere sagten uns unzählige Male und an vielen Stellen der Bibel: der Körper des Menschen sei der erwählte Tempel, in dem Gott weilt; des Menschen Körper sei der heilige, des Menschen Seele der allerheiligste Ort.

Erkrankt der Körper, so künde sich der Tag des Gerichts und warne, daß spirituelle Reinigung unumgänglich sei.

Einfache spirituelle Reinigungsrituale vermögen alles zu heilen. Sie gleichen damit Predigten in deinem Heiligen Tempel. Auf sie zielen ja die Krankheitssymptome, ob psychisch oder somatisch, die dich sanft aus schlafenden Reichen deines Bewußtseins wachrütteln wollen. Dein Bewußtsein soll sich entwickeln, du sollst etwas lernen - das ist ihr Zweck. Erhälst du dir Körper und Psyche gesund, dann tut sich die Aussicht auf ewiges Leben »HIENIEDEN« auf!

Unsterbliche Menschenwesen haben genügend Zeit, alle Techniken der spirituellen Purifikation meistern zu lernen. Zwei der offenkundigsten Barrieren auf dem Weg zur vollentwickelten Bewußtheit sind der Schlaf und die Ernährung. Schlaf- und Eßbedürfnis meisterlich zu kontrollieren - welch kleiner Preis wird da von Gott verlangt, verglichen mit der enormen Freiheit, der Herrschaft über Dinge, Zeit und Raum, die als Belohnung winken!

Niemand zwingt dich! Auch Gemächlichkeit kann heilig sein; der Yoga der Bequemlichkeit und des Vergnügens ist wohl der überlegene Weisheits-Yoga. Fastest du nur einmal an einem Tag der Woche, so erhöhst du schon deine Aussichten auf physische Unsterblichkeit. Jedes disharmonische Symptom in dir, das du selber heilen kannst, vergrößert deine eigene Herrschaft über dich. Und es gibt Zeit genug. Überstürze nichts!

Entspanne dich und denke nach; ist nicht das einfache, gesunde Denken eines der größten Reinigungs-Exerzitien? Gesunder Menschenverstand und dein Sinn für Humor geleiten dich sicher zur Unsterblichkeit. Jede erfolgreich getätigte spirituelle Reinigungsübung schenkt dir zusätzlich Zeit, und Vergnügen und Zufriedenheit. Fang einfach an, und lehre auch andere Leute.

Millionen Menschen haben heutzutage einen Stand körperlicher und geistiger Gesundheit erreicht, wie er für 500 Jahre ausreichen würde - warum nicht für immer? Für einige unter diesen gesunden Menschen also könnte das tägliche Bad und ein dreitägiges Fasten zwei- bis dreimal im Jahr genügen, um sie jahrhundertelang gesund zu erhalten. Sie besitzen einen klaren, stabilen Verstand und leben - ethisch, mental und vital - integer; sie können Liebe und Freundschaft recht handhaben und sind mit einem Wort »tolle Menschen«. Für sie sollte ewiges Leben etwas Natürliches sein. Doch kann der Sterblichkeits-Glaube sie immer noch dazu bringen, ihre Körper zu zerstören. Wozu soll das gut sein?

Trotzdem stellt der körperliche Tod - auch - eine unfreiwillige Strategie dar, die zur spirituellen Reinigung führt. Denn wahr ist, daß das Gesetz des Weltalls uns sie auferlegt, sofern wir nicht willens sind, uns selbst zu reinigen. Offenbar auch hat die Erde genügend Bewußtheit, um sich der Wesen zu entledigen, die davon nicht genügend haben. Meditation und Kontemplation über die organisch-ökologischen Zusammenhänge der Natur könnten dir eine derart klare ökologische Sicht auf deinen eigenen Körper vermitteln, daß du so unsterblich werden würdest wie die Erde selber. Wer erkennt, daß dieselbe Intelligenz, die die Erde erschuf, auch in uns wohnt, der hat das Geheimnis des ewigen Lebens entschlüsselt.

Die senilen Alten und ihre kindliche Göttlichkeit

Unsere Gesellschaft wird von Düsternis unvermeidlich überschattet, solange die durchschnittlichen Altenheime so lebensfeindlich geführt werden. Alte sind alt - keine potentiellen Toten!

Diese »Heime« (Wortstamm: da-heim!) werden beherrscht von jener düsteren Resignation, wie sie Todgläubigen eignet! Nicht nur, daß die alten Leute traurig, krank, machtlos und ohne Hoffnung sind, jemals noch ihren Verstand oder Körper verwenden zu können. Nein, ich sah auch, wie Personal im mittleren Alter degeneriert und starr geworden war, als Resultat der Arbeit in den Heimen. Es ist eben sehr frustrierend, sich um Menschen zu kümmern, die entschlossen sind, geradewegs in den Tod zu steuern. Die Altenheime leiden dazu unter der Belastung, gutes Personal nicht lange halten zu können. Selbst Leute mit den besten Absichten werden anfällig und demoralisiert, wenn sie zu sehr der Atmosphäre von Todgläubigen und Todes-Erwartung ausgesetzt sind.

Das göttliche Kind in uns wurde bereits im frühesten Alter unterdrückt! Aus zu vielen Kindern wurde die göttliche Natürlichkeit herausgeprügelt.

Die meisten Erwachsenen wurden in der Kindheit körperlich oder psychologisch bestraft - zu oft unter dem Deckmantel und Namen »Disziplin«, und von überkritischen Eltern, die immer sagen, sie tun es zum Besten der Kinder. In Wirklichkeit hatten schon die Eltern ihre Göttlichkeit verloren und Angst, die Wahrheit zuzugeben; denn die war schlicht und einfach:
daß ihre Kinder göttlich-entspannter lebten als sie selber.

Sie geben ihre eigene Kleinheit an ihre Kinder weiter und ihr Verhalten entschädigt sie für ihren eigenen Schmerz.

Sie fürchteten auch beständig die ernüchternde Entdeckung, daß sie ihr ganzes Leben lang gelitten hatten, weil ihre Eltern unrecht taten - wo sie doch so gerne glauben würden, ihre Eltern hätten es recht getan.

Kinder haben so viel Liebe, daß sie nicht nur bereit sind, für ihre Eltern und Großeltern zu sterben; sie sind auch bereit, zugunsten ihrer Eltern die eigene Seele zu verleugnen. Kinder sind darum nicht gut aufgehoben im Dunstkreis von Erwachsenen, denen die Todes-Mentalität einprogrammiert ist und die das elterliche Mißbilligungs-Syndrom noch nicht entzifferten.

Kinder sind in der Gesellschaft von Sterblichen nicht gut aufgehoben!

Kinder wollen nicht sterben - sie wollen leben!

Die Kinder der Zukunft werden genauso leicht lernen, den Tod zu überwinden, wie die Kinder der Vergangenheit gelernt haben, sich ihm zu unterwerfen.

Das Tragische an den Altenheimen ist, daß die älteren Menschen mitten im Verjüngungprozeß sterben. Eine Tragik, wie sie von der hoffnungslosen Resignation und Endzeitstimmung der Todgläubigen inszeniert wird.
Um also unsere Gesellschaft vor Endzeitstimmung zu bewahren, sollten wir die Sterblichkeits-Mentalität in Altenheimen beseitigen und die alten Menschen, die durch die Phase der Senilität inmitten der allgemeinen Zeitströmung gehen, überaus respektieren. Senilität ist ein Prozeß, durch den das natürlich-göttliche Kind im inneren Selbst wiederentdeckt wird und leitet den Verjüngungsprozeß ein. Sowie sich alte Mitbürger **sicher** fühlen können (weil gesellschaftlich akzeptiert), wenn sie gleich Kindern kindisch handeln (»Wenn Ihr nicht werdet wie die Kinder...«), sobald wird der geheimnisvolle Jungbrunnen ein normales Phänomen werden.

Aktuelle Wirklichkeit jedoch ist, daß die meisten alten Menschen lieber sterben wollen, als das göttliche Kind in sich noch länger zu unterdrücken. Es ist zu schmerzhaft und zu anstrengend, die natürliche Göttlichkeit zu unterdrücken; es ist eine Unterdrückung, die zu körperlicher, seelischer Krankheit, zu Verstandesschwächen und zum Tod führt. Der ist dann - zusammen mit düsterer Endzeitstimmung - das schlußendliche Resultat des Leugnens unserer natürlichen Göttlichkeit. Wir sind Kinder Gottes, ob wir wollen oder nicht, ob wir daran glauben oder nicht. Wobei die Betonung auf **Kinder** liegt! Krankheit, Siechtum und Tod sind Formen der Selbst-Bestrafung, wie sie jene Lüge nach sich zieht.

Es scheint an der Zeit, die Alten und die Siechen, die Unstabilen und die Schwachen wieder gernzuhaben und es der wunderbaren Kraft Gottes auch gesellschaftlich zu ermöglichen, alles wieder zu heilen - mit oder ohne unser therapeutisches Zutun. Gott regiert die Welt, unbeeinflußt von menschlichem Fürwahrhalten, und seine Liebe für die Erdenwelt hat sie in der Vergangenheit erhalten und wird sie in der Zukunft auch erhalten - den meisten Menschen geht diese Liebe ab. Die Welt also braucht garnicht gerettet zu werden.

Aber, sind wir Menschenseelen willens und in der Lage, uns selber zu erretten?
Daß du von Natur aus göttlich und vollkommen bist - das ist die Wahrheit. Die Strafe für jenes Sünderbewußtsein, das diese Wahrheit unterdrückt, ist - der Tod.
HEUTE AKZEPTIERE ICH MEINE VOLLKOMMENHEIT.

Menschen mittleren Alters haben die gleiche Angst vor ganz Alten wie vor Kindern. Der Grund ist: Kinder sagen die Wahrheit solange, bis ihre freie Sprache unterdrückt wird; und ganz alte Menschen drücken die Wahrheit mit Körper und Verstand so klar aus, daß jeder sie sehen und greifen kann. Und exakt diese Wahrheit ist es, direkt vor unseren Augen... Aber wir haben Angst, hinzusehen.

Mit dem Verjüngungsprozeß kann in jedem Alter begonnen werden. Die Methode ist einfach: tauche entspannt ein in deine Gedanken über das Altern, laß deine Ängste hinsichtlich seiner Beschwerlichkeit und Unschönheit frei, und entlasse dann die Gedanken selbst aus deinem Bewußtsein.

Deine natürliche und göttliche Vollkommenheit - sie ruht in dir - hat die Eigenart, von alleine und spontan deine Gefühle und deinen Körper zu heilen, sowie du negative Gedankengebilde freiläßt. Eine der selbstverständlichen Eigenschaften ewigen Lebens und Geistes ist:

Jugendlichkeit!

Und du kannst dein Gemüt, deinen Körper mit Jugendlichkeit und Vitalität aufladen, wann immer du willst - es ist nie zu spät.

Gewiß sind die Steuern und der Tod

Die Vorstellung, daß nur zwei Dinge im Leben gewiß seien - die Steuern und der Tod -, ist in der westlichen Zivilisation tief eingewurzelt. Im folgenden werde ich diese Anschauung widerlegen und sie durch eine bessere ersetzen:

Der Tod ist unnötig und unerwünscht!

Alle menschlich-existentiellen Bedingungen und Notwendigkeiten sind unbewußt absorbiert und als gegeben vorausgesetzt worden. Die Unumstößlichkeit von Tod und Steuern mag von einigen überdacht worden sein, doch akzeptieren die meisten sie so fraglos wie das Amen in der Kirche und unterwerfen sich dem Tod, den Steuern, als wären sie Schafe, die zum Schlachten halt bestimmt sind. Ernsthaft wurde die Notwendigkeit der beiden »menschlichen Grundbedingungen« nie angezweifelt. Sogar im aufgeklärten 20. Jahrhundert erschiene die Idee, ein ganz normaler Mensch könne den Tod besiegen, als verwegen-radikal, häretisch und absurd.

Eine große Ironie liegt in der Tatsache verborgen, daß allgemein Christen es gewesen sind, die diese westliche Todesidee fortpflanzten; und doch lehrte Christus, der Glaube an Ihn spende ewiges Leben. Er lehrte, der Glaube würde uns befähigen, all jene Dinge zu tun, die gemeinhin als unmöglich erachtet werden.

Rechtgläubige Kirchen lehren, daß Jesus auf einer höheren Ebene stand als wir, und wir nicht jene Wunder bewirken könnten, wie Er sie tat; doch Jesus sagte, wir würden nicht nur all das tun, was Er tat, sondern »größere Dinge« würden wir tun, denn Er. Den Tod zu überwinden - ist das nicht unsere Pflicht als Christen?

Die tragische Komik, die rechtgläubigen Christen anhaftet, soll mit aller Sanftheit so ausgedrückt werden: Während sie ihre Bescheidenheit reklamieren und den verstiegenen Glauben an einen Sieg über den Tod verdammen, sind sie in Wahrheit voller Stolz und sehr verwegen, denn sie unterstehen sich, mit letzter Autorität die Lehren Jesus' zu beschränken auf ihre eigene kleingerat'ne Schau. Was ihnen nie in den Sinn kam, ist, daß sie die Vorstellung des Todes von ihren Eltern bekommen haben oder ihren »Lehrern« in Sachen Religion ... aber nicht von Christus.
Die bizarre Zwiespältigkeit der Christen kommt auch da zum Ausdruck, daß sie zwar nach spiritueller, geistiger und seelischer Entfaltung streben und ihr das Wort gar reden, doch dann unerklärlicherweise versagen, wenn ihnen ein wirklich bedeutsames Konzept spirituellen Wachstums präsentiert wird.

Es ist leicht einen Heiligen anzubeten, der schon 2000 Jahre tot ist. Von der eigenen Göttlichkeit will man lieber nichts wissen... Ist ja auch so unangenehm nahe - .

In der Zukunft wird ewiges Leben das Sichere und Garantierte sein. In der Vergangenheit war der Tod sicher und garantiert! Und die gegenwärtige Generation ist eine des Übergangs und hat die Wahl. Wir, die Träger dieser Generation, können uns dieser oder jener Seite anschließen. Die Lebensmutigen, Lebenslustigen und Liebhaber des Lebens werden wohl das ewige Leben wählen, und die Pessimisten den Tod.

Übersprudelnde und dauerhafte Lebendigkeit

»100 Jahre, mehr kann ich nicht ertragen!« - Eine Äußerung, die dem tiefeingeschränkten Glauben an die Leidhaftigkeit und Beschränktheit des menschlichen Daseins entspringt. Die so urteilende Person hat wirkliche Lebendigkeit nie kennengelernt... Die Fülle von Gesundheit, Freude, Weisheit, Friede und Liebe hat ihr Leben noch nicht berührt. Sie hat noch nicht begriffen, daß alle körperlichen Begrenztheiten zeitweiliger Natur sind. Körperliche Grenzen halten sich in Schranken, und das Altern ist nicht unbedingt notwendig, sondern nur bedingt durch deinen Glauben.

In dem Maße, wie unser Glaube in unsere spirituelle und physische Kraft wächst, werden unsere Beschränkungen überwunden und wir schreiten in die Freiheit, die sich aus unserem Glauben an einen jeweils wünschenswerten Körperzustand ergibt.

Wie sollen wir diesen Glauben entwickeln?

Ich selbst bin optimistisch bezüglich des Lebens! Der Glaube, Böses, Leid und Tod seien nötig, um das Gute, die Freude, das Leben »richtig« zu leben, dieser Glaube war ein Irrtum. Zwar ist er weitverbreitet und macht uns weis, wir bräuchten solcherlei Kontraste und »Polaritäten« um die Dinge zu achten, doch stimme ich der Meinung nicht zu. Zu viele Arten der Freude gibt es zu genießen und miteinander in Kontrast zu setzen, als daß das Böse, Leid und Tod nötig erscheinen.

Es gibt Musik und Literatur, Bauvorhaben, Architektur und Wissenschaften, tausenderlei Sorten von Sport, Geschäftemacherei und Freundschaft - unzählbare Kombinationen von Ideen und Vorstellungen, die sich in Persönlichkeiten hinein ergießen, in den Weltraum, in Reisen, die Dramen und Schauspiele, Meditationen, in die Politik, Religion, Sexualität, Dichtung - in so viele Arten der Beschäftigung.

Meine nächsten zweihundert Jahre

Seit 1961 habe ich mindestens 200 Jahre vorausgeplant, und nach denen werde ich vermutlich weitere 1000 Jahre durchplanen.

Ich möchte zumindest hundert Berufe erlernen. Im Moment bin ich dabei, meine erste Million zu machen. Ich möchte da mehrere Aspekte des Geschäftslebens meistern - Einzelhandel, Verkauf, Herstellung und Investition, um nur einige zu nennen. Das kann gut und gerne hundert Jahre dauern.

Ich möchte auf allen großen Skipisten der Welt abfahren. Das wird mindestens ein Jahr dauern. Ich möchte sehr viel fliegen. Ich kann an hunderterlei Sportarten denken, die ich zur Neige auskosten will. Ich möchte mir Wochen und Monate gönnen, um jede einzelne mit Genuß beherrschen zu lernen.

Ich kann mich sehen, wie ich fünf oder zehn Jahre der Musik widme. Ja, ich könnte mich gar für 5 oder 10 Jahre zurück an die Universität versetzt sehen. Und ich kann mir vorstellen, wie ich jahrelang durch alle Kontinente reise, um die Weltreligionen mit Lust zu studieren, nicht aus Angst vor dem Leben!

Solar-Energie; Meeresforschung und -wiederherstellung, Raumfahrt, Metaphysik (die Physik der Kräfte des Geistes), welch erregende Bereiche sich da noch auftun! Ganze Jahrhunderte - angefüllt mit dem Erlernen dieser neuen, faszinierenden Dinge! Oh - es gibt wahrlich genug interessante Vorhaben, die die Langeweile vertreiben...

Nun zur entscheidenden Frage: Wie kann man zum wirkkräftigen Glauben an die Fähigkeit kommen, den Tod zu überwinden?

Die Antwort ist im Grunde einfach - genauso, wie jeder andere Glaube angelernt wurde, läßt sich dieser auch erlernen! Tausche deine graue Mortalität gegen funkelnde Immortalität ein!

Unsere Eltern und die anderen Erwachsenen brachten uns Kindern bei, an die bezeugte und verbürgte Existenz des Todes zu glauben - wir waren da noch nicht in der Lage, zu argumentieren. Allerdings brachten uns die Eltern und weitere Erwachsene manch andere Anschauung bei, die wir später als untauglich abtaten. Genauso können wir diesen speziellen Glauben als untauglich abtun.

Aber Vorsicht!
Manche Leute brauchen 20 Jahre, um den eingelernten Glauben an den Wert der Armut abzulegen - von den Eltern übernommen. Vielleicht brauchst du also mehrere Jahre, deinen alten Todesglauben einzutauschen gegen einen neuen Glauben an das lange oder ewige Leben. In der Übergangsphase ist es nicht ratsam, zu experimentieren. Den Tod zu versu-

chen, bevor man reif dazu ist, das könnte sich als verhängnisvoll erweisen. Ehre und respektiere vielmehr all deine alten Glaubensmeinungen und Ängste, solange sie noch Wert und Wirklichkeit besitzen. Setz dich also nicht gefährlichen Infektionskeimen aus, falls du glaubst, sie könnten dir schaden. Fahre nicht zu schnell, falls du glaubst, Raserei könnte tödlich sein. Mit anderen Worten: führe deinen Glauben nicht in Versuchung.

Dieses vorliegende Buch mag dich vielleicht schon beim ersten Lesen verwandeln, vielleicht auch nicht? Es gibt einen Unterschied zwischen Verstandeswissen und Wissen, das mit den Wurzeln deines Wesens verbunden ist - mit der Quelle deiner Lebens-Entwürfe.

Das Wort »Millionär«, zum Beispiel, mag in deinem Wortschatz existieren und seine Definition magst du kennen, aber beides macht dich noch nicht zum Millionär. Genausowenig signalisiert es deinen Sieg über den Tod, wenn du den Begriff »Unsterblichkeit« auf den Lippen trägst und theoretisch »weißt«, wie sie zu erreichen sind.

Ich erhielt 1961 die Idee zur physischen Unsterblichkeit. Sechs Jahre später, 1967, analysierte ich meinen unbewußten Todestrieb und brach die Macht, die er über meine Seele hatte, nach sechs Jahren Arbeit. Ich brauchte mehrere weitere Jahre, um alles damit Zusammenhängende auszuräumen und wegzuwaschen. Das vorliegende Essay schließlich ist 1975 geschrieben worden - ich benötigte also selbst über zehn Jahre, um das neue Vorstellungsmodell zu meistern. Darum empfehle ich dir, es ein paar Jahre lang lässig anzugehen und Risiken zu vermeiden. Die Versuchung, riskante Aktivitäten auszuprobieren, kann durchaus von deinem unbewußten Todestrieb rühren, der sich lediglich dahinter tarnt.

Die drei Stufen zum ewigen Leben

Zum Glauben ans ewige Leben führen drei Stufen: die logische, die emotionale und die aktive Stufe. Alle physischen Objekte, Dingwelten und physikalischen Effekte beginnen mit einer Idee, einer Theorie. Sie muß logisch sein; aber daraufhin muß sie emotional aufgeladen werden, so daß wir durch sie zum Handeln kommen. Ein Lehnstuhl z.B. war anfänglich nur eine Idee, die dann jemand faszinierte (Emotion), worauf er schließlich darin saß (phys. Aktivität). Die Idee des Flugzeugs wurde schon Jahrhunderte herumgewälzt, bevor die Brüder Wright in einem flogen; aber in weniger als einem Jahrhundert wurde das Fliegen zum alltäglichen Wort in jeder Familie. Dasselbe gilt für unseren Glauben an Autos und das elektrische Licht. Und dasselbe wird hinsichtlich des ewigen Lebens gelten. Bald wird jeder selbst bewußt entscheiden, wie lange er leben will.

Erste Stufe: Die Idee

Also betrachten wir die Logik, den logischen Geist, der dem ewigen Leben zugrunde liegt. Jesus erhob sich nicht von den Toten, um Seine Überlegenheit über uns zu demonstrieren.

Er führte es uns vor, damit wir selbst es nachvollziehen.

Und Er war nicht der Einzige der biblischen Geschichte, der dies tat. Enoch war laut Bibel der Erste, der die Erde verließ, ohne zu sterben. Elias erweckte einen Jungen vom Tod zum Leben und starb selber nicht, sondern fuhr in einem flammenden Gefährt auf in den Himmel - vielleicht im ersten UFO?

Jesus sprach:

»Ich habe die Macht, mein Leben aufzugeben, und ich habe die Macht, es wieder aufzunehmen.«

Und Er sagte weiterhin:

»So, wie ihr glaubt, so soll es euch geschehen.«

»Größere Dinge, denn die, die ihr mich tun seht, werdet ihr tun.«

»Wenn ihr nur so viel Glauben wie ein Senfkorn habt, wird euch nichts unmöglich sein.«

»So ihr glaubt, so seid ihr vom Tod zum Leben geschritten.«

Statutengläubige Christen hingen traditionsgemäß an ihrer Version des geschichtlichen Jesus und versäumten deshalb den lebendigen, ewigen Christus.

Johannes der Täufer sagte:

»Er ist das Licht, das in jedem Menschen leuchtet, welcher zur Welt kommt.«

Die Logik des ewigen Lebens

Das Logische an der Idee, den Tod zu besiegen und zu überwinden, liegt darin: Jeder Mensch verfügt über sein eigenes Leben und seinen eigenen Tod, aber er kann diese Macht dem Schicksal überantworten. Jede Person trägt für ihren eigenen Tod die Verantwortung, letztlich; aber nicht jede Person ist sich der eigenen Macht und der daraus resultierenden Verantwortung bewußt.

Erzählten dir zum Beispiel deine Eltern, daß Gott die Stunde deines Todes vorausbestimmte, daß Er Krankheit, Unfälle, Alter und ähnliches benutze, um die Menschen zu dezimieren, und leuchtete dies dir völlig ein - dann gabst du, ohne es zu wissen, dem Gott der Eltern deine eigene Macht über den Tod. An einen Gott gabst du deine Macht, der, nebenbei gesagt, mit seiner Macht nicht die Bakterien besiegen, mit seinem Verstand Unfälle nicht ungeschehen machen kann - und gänzlich der Zeit untertan ist.

Sehen wir der Wahrheit ehrlich ins Gesicht: der Gott unserer Eltern ist mickrig und kleinlich - laßt **ihn** doch sterben!

Und hört auf, GOTT zu beschränken!

Laßt Gott GOTT sein. Wenn Er ein lebendiger Gott ist, dann muß Er so groß wie das Leben selber sein!

Es ist ein Muß für dich, das Geschick deines Körpers zurückzufordern. Oder kannst du dir vorstellen, daß Gottes Existenz von deiner eigenen bedroht wird und es Ihm darum unrecht ist, wenn du für immer lebst? (So kleinlich kann der »Allmächtige« unmöglich denken!)

Tatsache ist: Gott ist unendlich und wird nicht betrübter bemerken, daß du stirbst, wie Er die Ameise bemerkt, auf die du trittst. Da Er, andererseits, unendlich ist, wird Er sich auch nicht grämen, wenn du ewig lebst. Denn würde Gott sich grämen, ob du stürbest oder nicht - ganz sicher stürbest du dann nicht. Offensichtlich also überläßt Er's dir.

Versuchtest du, Ihm die Verantwortung zu geben, so magst du meinen, geschickt taktiert zu haben - doch du hast das nicht. Darum ist es, wenn du stirbst, ein Selbstmord. Ihn Gott anzulasten, wird nicht die Tatsache verändern: du bist tot.

Begrenze deine unbegrenzte Macht sinnvoll

Da das Leben einen Seestern enthält, dem neue Arme wachsen können, und der Mensch der Erde Herrscher ist und das vollkommenste Geschöpf aus Gottes Hand, warum dann kann ein Mensch nicht einen neuen Arm hervorbringen - nach einer Amputation? Die Antwort ist: er kann! Und Jesus, viele christliche, hinduistische und muslimische Heilige haben es getan. Doch führe nicht deinen Glauben in Versuchung. Überlasse es den Leuten, die ihre Arme bereits verloren haben (weil sie glaubten, Unfälle und die Natur hätten Macht über sie).

Wir anderen können unseren Glauben, unsere Macht beweisen, indem wir Unfälle verhindern. Den Arm sich abzuschneiden und wieder wachsen zu lassen, das ist zwar eine Fähigkeit, die jeder sich erwerben kann;

aber warum sollte uns das kümmern! Ich empfehle lieber, Zeit und Energie und Arme darauf zu verwenden, Klavier zu spielen, ein Haus zu bauen oder Handball zu spielen. Hilf jemand, der das Problem schon hat, anstatt dir selbst es zu schaffen oder anderen.

Die Liebhaber des Lebens lieben Gott, und sie werden ihn und das Leben immer lieben. »4ever 2gether...« Wer auch je die Jesus-Worte über das ewige Leben glaubt, der wird immer leben. Und »jene, die nicht glauben, werden nicht erblicken das Leben.«

»Kein Mensch hat die Macht, mein Leben von mir zu nehmen. Ich habe die Macht, mein Leben abzulegen, und ich habe die Macht, es wieder aufzunehmen.«
Um diese Ausführungen über die Logik des ewigen Lebens zu Ende zu bringen:

Es ist ein Fakt und eine Realität, daß Gott jedem Menschen uneingeschränkte Macht gab, zusammen mit dem Recht, sie in jeder gewählten Form zu begrenzen.

Unbeschränkte Macht ist bedeutungslos, wenn sie nicht formhaft begrenzt wird. Wir können die unbegrenzte Macht Gottes in jede gewünschte Form eingrenzen; wir können aber auch jede Beschränkung, die wir uns ehemals auferlegten wieder ablegen. Das Lebensdrama wie z.B. Elend entsteht deshalb, weil die allermeisten dieses prachtvolle Prinzip des Lebens nicht bewußt bemerken, dafür jedoch unbewußt die Beschränkungen, die Eingrenzungen von ihren Eltern und ihrer unmittelbaren Umgebung übernommen hatten. Nichtsdestoweniger verbleibt uns die Wahl zwischen allen möglichen Arten der Beschränkung, unter welchen wir leben wollen.

Wiederhole ich also jetzt, was ich im letzten Abschnitt sagte, so wird es leichter verständlich werden: die Wahrheit ist, daß Gott dir die Macht gab, über dein Leben wie auch über deinen Tod zu verfügen. Die Meinung, du hättest diese Macht keinesfalls, ändert nichts am Sachverhalt. Sie bekundet nur, daß du von dem nichts weißt.
»Dummheit schützt vor Strafe nicht...«

Doch machst du dich zum Opfer jeder Macht, von der du glaubst sie spende dir den Tod, wenn du denkst, du hättest diese selber nicht. Wenn du also denkst und glaubst, ein Engel bestimme deinen Tod, dann wird er's tun. Wenn du meinst und denkst, Geschwindigkeit und Umweltgift, Revolverkugeln, hohes Alter könnten dich zum Tode bringen, dann wird eines davon sicherlich »erfolgreich« sein.

Wenn du aber glaubst, du bestimmst ganz alleine die Stunde deines Todes, und glaubst, Gott habe dir die ganze Macht, das volle Recht darüber gegeben, und denkst und glaubst, du wirst 200 Jahre leben - dann wirst du nie in eine Situation geraten, die deinen Tod bewirkt ... oder die deinen Glauben verletzt.

Jesus Christus und die Weisen aller Zeitepochen stimmen in diesem Punkte überein: »So, wie du glaubst, so wird es dir geschehen.« Und, »du wirst zu dem, woran du glaubst.«

Hast du also bisher geglaubt, du könntest deinen Tod gar nicht beeinflussen und die einzigen sicheren Dinge im Leben wären die Steuern und der Tod, dann habe ich gute Nachrichten:

»Das Leben ist gewisser als der Tod, der Glaube ist stärker als der Tod, das Gute überwindet immer das Böse, und ... du kannst deinen Glauben ändern!« Der große, weise Psychologe William James sagte schon im letzten Jahrhundert: »Die größte Entdeckung meiner Generation ist, daß der Mensch sein Leben ändern kann, wenn er seine Gedankenhaltung ändert.«

Sowie du konsequent über Leben und Tod nachdenkst, wirst du beides beeinflussen können!

Zweite Stufe: Die Faszination

Autosuggestion, Affirmation

Auf der zweiten Stufe wird die Einsicht und die sich ergebende konsequente Theorie in einen Glauben gegossen und mit Gefühlen angereichert. Die Methode, die das erreicht, ist Autosuggestion - also einfach: Wiederholung. Glaube kann durch suggestive Vorstellung erschaffen werden! Wiederhole den Gedanken, daß du Kontrolle über den Tod hast - wiederhole ihn in jeder erdenklichen Form - bis er zum unerschütterlichen Glauben wird. Zum Glauben, der alle Zweifel ausräumt und deine alte Glaubensannahme, du könntest den Tod nicht kontrollieren, ersetzt.

Die Techniken der Selbstbeeinflussung sind Meditation (aus meiner Sicht: tiefes Nachdenken oder mit Gefühl betriebene Imagination), Lesen, Zuhören, Schreiben, Beobachten und Berühren.
Über das Thema Selbstbeeinflussung gibt es heute Hunderte von Büchern - hole dir welche und lies so viele, wie du brauchst um deinen Glauben stark zu machen. Es gibt Hunderte von Rednern und Predigern des »Neuen Denkens«, die du ausfindig machen und dir anhören kannst.

Schreibe die Sätze auf: »Der Tod hat keine Macht mehr über mich, denn ich habe Kontrolle über mein Leben und meinen Tod. Deshalb kann mich der Tod nicht erreichen, es sei denn, ich will es - und ich will, daß er mir nicht nahekommt. Ich habe das Leben gern und bin erfüllt von Freude, Liebe, Frieden und Weisheit.«

Schreibe diese Sätze jeden Tag zehnmal auf bzw. jedesmal, wenn du Zweifel verspürst. Formuliere deine eigenen Sätze, um jeden hartnäckigen Aspekt des früher Angelernten zu neutralisieren.

Schreibe Essays, Aufsätze und Zusammenfassungen von Büchern über die Ideen, die du zu deinem Glaubenscredo machen willst.

Auch das Sprechen ist eine gute Technik der Selbstbeeinflussung. Jesus sagte, »Wenn du mich vor den Menschen ehrst, werde ich dich ehren vor meinem Vater im Himmel; wenn du mich vor den Menschen verleugnest, werde ich dich auch vor meinem Vater im Himmel verleug-

nen.« - Dein Glaube ist nicht stark, wenn du Angst hast, ihn vor anderen zu vertreten. Die meisten Menschen sind übrigens an der Grundidee der physischen Unsterblichkeit interessiert und finden es leicht, sie zu akzeptieren, zumindest theoretisch. Außerdem stärkst du sowohl deinen wie auch ihren Glauben.
Jesus sagte auch: »Über jedes Wort, das du sprichst, sollst du Zeugnis geben.« Umgangssprachlich heißt das: Achte auf das, was du sprichst, denn es neigt dazu, Wirklichkeit zu werden! In unserem Zusammenhang bedeutet es, daß du weißt, was du sprichst, und sprichst, was du wirklich sprechen willst - nicht, was bequem ist oder Gewohnheit. Und daß du für das von dir Gewollte eintrittst. Argumentiere zugunsten deiner neuen Ideen - das ist eine sehr wirkungsvolle Methode, sie in die unterbewußten Assoziationen und Gefühlsmuster hineinzusenken.

Es ist gut, laut für sich selbst zu lesen, zu singen; es ist besonders gut in der Gruppe zu singen. Daß wir kritisch prüfen, was wir singen und sagen, das ist wichtig. Alles, was aus unserem Mund herauskommt, beeinflußt die Zukunft.

Beobachten wir das menschliche Drama zwischen Geburt und Tod, so erhalten wir zahlreiche Beweise, die unseren Glauben daran erhärten:

Tod wird durch Unglaube verursacht!

Eine Krankheit tötet die eine Person, die andere nicht; der einzige Unterschied liegt im Lebenswillen und -glauben. Wenn du viel Zeit in Krankenhäusern verbringst, wirst du bald feststellen, daß gegen jeden Grundsatz der Hygiene, Sicherheit und Keimfreiheit irgendwann verstoßen wird, ohne daß dies böse Folgen bringt, solange es unschuldig von jemandem getan wurde, der Grund zu leben hatte.
Die Zahl der Kugeln, die verschossen werden müssen, um einen Einzelnen zu töten, und die Zahl der tödlichen Einschußstellen stehen in Proportion zum Glauben des Angeschossenen zu Kugeln und zu seinem Lebenswillen. Schwache Menschen mit Todeswunsch können vom schwächsten Stromschlag getötet werden, während andere größte Stromspannungen aushalten und ganz unbeschädigt von dannen gehen. Die Höhe des tödlichen Blutverlusts hängt vom Einzelnen ab. Relativ ist auch die Temperaturhöhe, die Hitzschlag verursacht.

Die »Verurteilten« Meshack, Shaddrack und Abendigo konnten die glühendheiße Verbrennungskammer überleben, während die Handlanger, die sie hineinstießen, verbrannten. In einem neueren Buch über ungewöhnliche Wunder wird über jene Einwohner berichtet, die inmitten der atomaren Hitze der über Hiroshima und Nagasaki abgeworfenen Bomben überlebten. Einige Leute sterben beim Sturz aus Stockwerkshöhe - andere können aus 8000 Meter Höhe ohne Fallschirm herunterfallen und überleben.

Hohes Alter wird als Todesursache häufig angegeben, aber das erscheint mir recht ausgefallen. Welches Alter ist hoch »genug«? Ich studierte dokumentierte Fälle von Leuten im Alter von 300 Jahren - sie waren immer noch nicht alt »genug«! Einige Fälle von Überlebenden bei Autounfällen sind phantastisch, einfach »wunderbar«. All diese Geschichten beweisen, daß der Wille zum Leben, falls stark genug, den Menschen durch jede Gefahr bringen kann. Der Wille zum Leben verhindert den Tod. Die Ursache jedes Todes dagegen ist: Unglaube.

Das Ziel ist jedoch nicht, unsere Überlebensenergie unter Beweis zu stellen, sondern das Leben gern zu leben, es zu genießen und in der Geborgenheit des vitalen Lebensstromes zu verbleiben. Beim Tod lange zu verweilen, das kann ihn verursachen. Kümmere dich also darum, wie du das Wort beim Denken und Sprechen verwendest.

Jedesmal, wenn es dir ins Bewußtsein tritt, stellst du es in einen Zusammenhang oder in eine Aussage, worin **du** die Verfügungsgewalt hast - oder ersetze es durch das Wort »Leben« oder »Enthusiasmus«. Hörst oder liest du z.B. in den Nachrichten über einen Todesfall, der dir nahegeht, dann bring dich in die Lage, dem Ansturm der Gefühle zu widerstehen. Solche Nachrichten werden unseren Glauben an unsere eigene Macht über den Tod unterlaufen, sollten wir ihrem Einfluß nicht wehren. Da ist es schon sinnvoll, eine Gegendarstellung in Wort und Schrift so oft zu wiederholen, bis sich dein Glaube wieder einstellt.

Es ist auch gut, morgens, abends oder übers Wochenende ein Buch über das lebendige Leben zu lesen, um damit den Zweifeln vorzubeugen, die untertags, während der Woche auftreten. Entscheidend ist also, jenes SIEGERgefühl zu bekommen und zu behalten. Irgendwann wird für dich

die eigene Verfügungsgewalt über dein Leben und deinen Tod garantiert sein.
Natürlich ist es von unschätzbarem Wert, die Familie und Freunde mitzuerziehen. Denn solange du andere nicht überzeugen kannst, bist du selbst nicht überzeugt. Familie und Freunde geben dir täglich Material und beständige Veranlassung, deinen Glauben zu festigen.

Hast du einmal diese Ideen im Griff und alles an Selbstbeeinflussung ausgeführt, was dir einfiel und dir das Gefühl der Sicherheit gab, dann ist es nötig, das Ganze zu vergessen!

Wichtig ist, das Leben zu genießen, tief einzutauchen in das, was du tust, zu leben, ohne irgend einen Gedanken an den Tod.

Sollten sich solche Gedanken noch einstellen, nimm sie wahr und praktiziere eine dir angenehme Form der Autosuggestion, bis das Gefühl, der Tod sei kein Bestandteil deines Lebens mehr, wieder zum unerschütterlichen Leitmotiv geworden ist.
Ich will darauf hinaus:
Den Tod weiterhin zu studieren - das kann ihn herbeirufen oder verhindern. Entweder bringt es dir einen souveränen Sieg ein, wenn du jede Todesart studierst; oder du erkennst die Ursachen samt deinen Möglichkeiten, sie zu neutralisieren; oder die eingehende Erforschung verstärkt deinen Glauben an die Macht des Todes und suggeriert dir, wie machtlos du ihr gegenüber bist.
Jenes Gefühl aber, daß der Sieg über den Tod gewiß sei, zeichnet die Siegermentalität aus.

Wir müssen nicht sterben.

Das Leben ist garantiert. Das Leben ist es wert, gelebt zu werden. Das Leben ist ein Spiel und randvoll mit Einfällen und Spaß.

Als Kinder sind wir herumgetollt, als wäre das ganze Universum eine einzige Spielwiese, nur dazu da, daß wir uns nach Herzenslust bedienen... Und vielleicht ist es das wirklich?
Kinder denken nicht an den Tod - Kinder leben einfach; erst später »lernen« wir, daß Lust, Spaß, Glücklichsein und Lebendigkeit »Konse-

quenzen« hat. Es sind Denk-Konsequenzen, die Wirklichkeit werden. Das Leben ist absolut phantastisch, verspielt - unsterblich. Warum sollten wir Menschen dann sterben? Wozu glaubst du, ist die Schöpfung überhaupt entstanden? Um daran zu leiden, um sich zu plagen, um für immer zu verschwinden? Oder aus Verspieltheit, Lust, Freude? Die ganze Schöpfung ist ein einziger Witz... Aber vor lauter Verordnungen, Regeln und Erwachsensein (spielen) wagt es keiner zu lachen! Wie sich für manchen die Frage stellt: »Gibt es ein Leben nach dem Tode?« - so dringend ist eine weitere »existentielle« Frage: »Gibt es ein Leben vor der Rente...?« Wir sind **Kinder** Gottes - wozu also den übertriebenen Ernst?

Nimm das Folgende als praktischen Vorschlag, wie du gedanklich, gesprächsweise oder aktiv die Auseinandersetzung mit dem Tod in eine angemessene Balance bringen kannst.

Die Macht der Begräbnisse und der morbiden Unterhaltung

Immer, wenn du in die Situation genötigt wirst, Tod zu sehen, darüber zu sprechen, zu denken - verweigere dich und tu stattdessen etwas Schwungvoll-Lebendiges. Kultiviere diese Haltung so lange, bis du sicher bist, daß die Auseinandersetzung mit dem Tod dich nur stärker und lebendiger macht.
Mit anderen Worten: Geh nicht auf's Begräbnis, sondern stattdessen auf eine Party. Bist du das Opfer gesellschaftlicher Zwänge - auf dem Begräbnis anderer Leute -, dann mußt du dich nicht wundern, wenn du das leibliche Opfer, der »Hauptdarsteller«, auf deinem eigenen Begräbnis wirst. Denn bei Begräbnissen erhältst du den konkreten Beweis deines gegenwärtigen Glaubens an die Macht des Todes, jedenfalls, wenn du glaubst, er hätte diese Macht.

Der Tod besitzt keine Macht außer der von dir verliehenen; du kannst ihm keine Macht verleihen - oder jede. Du kannst ihn zu deinen geheimen Vormund machen - oder entmündigen!

Insofern gleicht er dem Alkohol, den Zigaretten, den Drogen, dem Fernsehen oder jeder anderen Form der Sucht oder Krankheit. **Du** bist es, der den Dingen »Macht« verleiht, die Dinge »an sich« sind machtlos und benötigen deine Energie, dein o. k. Jeder Diktator benötigt die Unterstützung seiner Anhänger - sonst ist er nur ein isoliertes Würstchen.

Darum meide Begräbnisse, morbide Filme, ebensolche Videos und destruktive Unterhaltungen, vergiftende Nachrichten in den Medien. Bleib vergifteten, morbiden Diskussionen fern. Hast du in solchen harmlosen Situationen nicht den Mut, jemanden in Verlegenheit zu bringen oder als komischer Kauz betrachtet zu werden, dann wirst du wahrscheinlich auch davor kneifen, einen Arzt zu ignorieren, der dir dein Todesurteil ausstellen will. Die gegenwärtigen Doktrinen und Anschauungen der Medizin sind neu, nicht sehr bewährt und werden bald überholt sein. Die Medizin wächst an Weisheit, genauso wie andere Wissenschaften. Suche einen Arzt auf, der an die hier besprochenen Ideen glaubt; ist er unwissend, dann erziehe ihn. Keine Krankheit ist unheilbar, der Unglaube ist es; doch der kann verändert werden.

Ersetze die Assoziationen von Angst oder Tod durch Gedanken des Lebens und des Glaubens daran. Werde zum zielorientierten Menschen und entwickle dein Erfolgsbewußtsein! Sobald du diese Anschauungen verinnerlicht hast, wird dich der Blick auf den Tod und auf Begräbnisse, das Gespräch darüber nur in deinem **Lebens**glauben bestärken.
Dann erst bist du überall sicher und kannst tun, was immer du tun willst. Sogar Soldat kannst du werden und wärest sicher vor dem Tod; du würdest verschont, obgleich andere auf der eigenen oder gegnerischen Seite fallen. Die Bibel formuliert es so aus:

»Zwei werden in einem Feld sein; der eine wird hinweggenommen, der andere wird verschont werden.«

Die Logik in den vorhergehenden Abschnitten zu verstehen und sie intelligenterweise zu akzeptieren - das ist eine Sache. Eine andere aber ist es, daran so fest zu glauben, daß sie auch wirkt und Ergebnisse produziert. Glaubensanschauungen mit Effekt sind solche voll starken Gefühls; du unterstellst sie als absolut gegeben - wie der alte Glaube »Tod ist unvermeidbar« demonstriert.

Letzteres ist zwar nur eine Anschauung, aber solltest du so lange warten, bis sie Resultate zeigt, dann ist es für jede Änderung der Anschauung zu spät! Affirmation: »Unsterblichkeit ist unvermeidbar!« Toll...

Dritte Stufe: Die Tat

Auflösung destruktiver Strukturen

Auf der dritten Stufe, die zur Überwindung deines früheren Glaubens an die Macht des Todes führt, steht die Tat. Das heißt grundsätzlich, du willst Ziele erreichen, die dir die eigene Kraft beweisen.

Hauptsächlich deine Kraft, die Glaubensmodelle deiner Kindheit zu verändern.
Es wird deinem Verstand einleuchten wie ein Beweis, wenn du zum Beispiel trotz eines von deinen Eltern übernommenen Armuts-Komplexes reich wirst. Er weiß dann, du kannst alte Einstellungen hinsichtlich deiner selbst und deines Lebens überwinden und transformieren. Wenn du jedoch die Fähigkeit hast, diesen Glauben an die Armut zu verändern, dann wirst du auch fähig sein, deinen Glauben hinsichtlich des Todes zu verändern. Wenn du dich von der unbewußten Erwartung der Armut befreien kannst, dann kannst du dich ebenso von der unbewußten Todeserwartung befreien. Wenn du die physischen Auswirkungen des Lebens in einem Bereich kontrollieren kannst, dann kannst du das in anderen Bereichen genauso.
Keine Krankheit ist unheilbar, der Unglaube ist es; doch der kann verändert werden.

Hast du ein körperliches Gebrechen, so wird dir seine Überwindung den Beweis erbringen, du könntest auch den Tod unter deine Kontrolle bringen. Dabei wird es hilfreich sein, eine sportliche Kondition zu entwickeln oder zu lernen, andere Menschen zu heilen.

Jede falsche, schlechte Haltung, die du überwindest, wird den Glauben an deine geistigen, seelischen und körperlichen Kräfte stärken.

Selbstverständlich ist Abscheu davor, andere zu töten, fundamental, und das muß so sein. Das Leben ist gerecht: tötest du andere, so sollst du ebenso sterben. Hast du im Krieg unfreiwillig, unschuldig oder im Rahmen der Pflicht getötet, dann gibt es Verzeihen und Sühnen. Jemand zu töten mit dem Hintergedanken, später entschuldigt zu werden, ist sicher fatal, da »das Urteil Gottes geschwind die Übeltäter schlägt«.
Es gibt wirklich keinen Grund, einen anderen Menschen zu töten. Immer findet sich ein Weg aus einer tödlich oder mörderisch bedrohten Lebenssituation, der nicht zur Tötung des Bedrohenden führt. Immer gibt es eine Möglichkeit, den Tod einer Person zu verhindern, ohne eine andere zu töten.
Die Teutsch-Stiftung (USA) trug sehr zum Verständnis modernen Lebens bei, als sie konstatierte, es gibt keine Mörder ohne Opfer; die Opfer haben einen starken Todeswunsch und sind für ihren Abgang genauso mitverursachend wie ihre Mörder.
Auch die Mörder werden, im Hinblick auf das geltende Recht, vom Todeswunsch motiviert, und versuchen, jemand zu finden, der sie tötet. In diesem Sinn stellt die Todesstrafe in den Vereinigten Staaten wie anderswo eine komplexe sozialpsychologische Möglichkeit dar, Selbstmord zu begehen. (Provozierende Schlußfolgerung daraus: die Abschaffung der Todesstrafe senkt die Zahl der Morde.)

Verjüngung am eigenen Körper erleben

Ich selbst stellte mit dem Altern auch ein Experiment an. Als ich 28 war, entschied ich mich, wieder 24 zu werden - körperlich. Meine imaginierende Identifikation war so wirkungsvoll, daß ich mich in einigen der emotionalen und finanziellen Marotten dieses Alters verfing, aber auch in seinen körperlichen Vorteilen.

Und dann schockierte ich den Direktor eines Kreditinstituts. Ich sagte ihm, ich wäre 24, aber die Formblätter meines Kreditgesuchs zeigten, daß ich einen Universitätsgrad und fünf Jahre Arbeitserfahrung hatte. Er dachte also, ich müßte irgendwie schwindeln. Daraufhin sagte ich ihm offen und ehrlich, ich würde mit dem Alter experimentieren. Ich bekam das Darlehen nicht - wahrscheinlich stufte er mich als zu großes Risiko ein. Ich dagegen fand die Situation sehr lustig; sie stellt dir auch die

Art Mut und die Treue zu dir selbst vor Augen, die du haben mußt, um deinem Ziel näherzukommen.

Mein Experiment verlief so erfolgreich, daß schließlich Barkeeper hinter der Theke nach meinen Ausweispapieren fragten, und mich die Leute, wenn sie mein Alter taxierten, auf 20 bis 25 schätzten. Ich verlor völlig jenes Erwachsenengefühl, »das Gröbste« durchgestanden zu haben, das mich doch ursprünglich dazu brachte, mein Experiment zu starten. Und ich entdeckte, daß die körperliche Energie, Ausdauer und Freude, die mir die sportlichen Aktivitäten spendeten, alles übertrafen, was ich je erfahren hatte. Ich fand heraus, wie ich die Grundsätze der körperlich-geistigen Leistungskonditionierung anwenden könne, um alle wünschenswerten Qualitäten eines 24jährigen zu erlangen.

Der Alterungsprozeß kann verzögert und umgekehrt werden mit Hilfe autogener Selbstbeeinflussung und spiritueller Vertiefung - mit Hilfe des uralten Prinzips des Glaubens! Die Übungen spiritueller Reinigung gehören zur Technik des ewigen Lebens!

Sehr gute Strategien, deinen Glauben zu intensivieren, sind auch Fasten und das Anpeilen von Rekorden in Sachen Schlafentzug. All diese Experimente sollen gründlich durchdacht, sorgfältig geplant, in der Gruppe ausgeführt und von den dir Nahestehenden verstanden werden. Da ein Einzelgänger zu sein, das wäre zu gefährlich.
Der Rekord im Fasten, wie er von den meisten Heiligen gesetzt wurde, scheint gewöhnlich bei 40 Tagen zu liegen. Jesus fastete für diese Zeitperiode, bevor Er seine Mission begann. Die Zeit scheint lange genug zu sein, um den Glauben an Ammenmärchen über gesundes Leben außer Kraft zu setzen. Sicherlich gab sie Jesus eine große Heilenergie. Gandhi fastete sechs Monate, und sicher zeigte er große Energie. Ob er sich der Kugel seines Mörders willentlich oder unwillentlich preisgab, weiß ich nicht. Doch zeigt sein Leben, daß spirituelle Kraft in jedem Lebensbereich gesondert entwickelt werden muß. Offensichtlich fällt es bei Erfolgsbewußtsein und Nichts-ist-unmöglich-Glauben viel leichter, neue Dinge zu lernen. Therese Neumann aus Konnersreuth in Bayern gibt ein weiteres Beispiel für sehr langes Fasten; sie lebte über 20 Jahre ohne Wasser und Nahrung, lediglich von einer Kommunions-Oblate täglich.

Ich las auch vom mehreren Menschen, die sich jahrelang willentlich Schlaf entzogen. Es mag nützlich sein, solche Fälle zu studieren; natürlich müssen eigene Versuche in Zusammenarbeit mit anderen und einem aufgeschlossenen Arzt geplant werden.

Noch ein letzter Punkt liegt mir am Herzen. Jesus bewies, daß der Todeszustand nicht notwendigerweise permanent ist. Er führte zahlreiche vorbereitende Experimente aus, bevor Er sich dem Kreuz unterwarf; und, wie die Geschichte bekundet, stand Er vom »Tode« wieder auf. Man erinnere sich: Er erweckte erst andere vom Tod, bevor Er es selbst versuchte. Er war kein seelenloser Automat, der göttlich computerisiert die Show abspielt, sondern entwickelte alles sehr weise - wie ein großer Eingeweihter. Die Wandlung seines »toten« Körpers in einen Energiekörper, den die Apostel sehen konnten, sollte auch in diesem Licht bewertet werden:

»Ich habe die Macht, mein Leben niederzulegen, und ich habe die Macht, es wieder aufzunehmen.«

Es ist bewiesen, daß viele Grade der physischen Verdichtung, Energieanreicherung und Belebung dem eingeweihten Wissenden möglich sind.

Es existieren viele Fallgeschichten von Leuten, die den Tod überwunden haben. Einige unter ihnen, wie es scheint, taten es ziemlich naiv. Ich erinnere mich einiger früher amerikanischer Geschichten von bereits Bestatteten, die sich aus ihren Gräbern herausbuddelten. Diese Vorkommnisse hatten sowohl die Neugier von Ärzten inspiriert, welche hierauf zu wertvollen Entwicklungen in der Medizin führte, als auch den Totengräbern eine heillose Angst eingejagt und sie die Regel, 180 cm unter der Erdoberfläche zu bestatten, einführen lassen (es ist fast unmöglich, sich in dieser Tiefe noch aus Sarg und Erdreich herauszugraben). Auch zu den modernen Einbalsamierungstechniken führten sie - die dann, alles in allem, solche Phänomene gänzlich zum Erliegen brachten.

Kurze Zusammenfassung:

Es gibt 3 Schritte, die dich zu einem veränderten Glauben hinsichtlich des Todes bringen:

1. Du verstehst die Logik, die seine Überflüssigkeit begründet und belegt;

2. du bist von der Wahrheit der Maxime, der Tod sei nicht nötig und unser Erdenleben könne so lange dauern, wie wir es wollen und wählen, emotional berührt;

3. du unternimmst etwas, um deinem Verstand greifbar-konkrete Beweise deiner eigenen geistigen, seelischen und körperlichen Kräfte zu liefern.

Zwei Fragen bleiben noch offen: Wie lange dauert es, diesen neuen Glauben zu entwickeln?

Und, wie kann ich sicher sein, daß der Tod nicht hinter der nächsten Ecke auf mich lauert?

Einige werden den neuen Glauben bereits entwickelt haben, wenn sie beim Lesen bis zu dieser Stelle kamen. Andere werden dieses Buch viele Male lesen müssen, bevor ihnen die Gewißheit seiner wahren Botschaft einleuchtet. Und die Kinder der Zukunft werden darüber nicht einmal nachdenken oder dafür eine Anstrengung unternehmen müssen. Sie werden von der Welle des Massenbewußtseins einfach mitgeschwemmt werden.

Jesus sprach: »Die Ersten werden die Letzten sein, und die Letzten werden die Ersten sein.«

Die Nachkommenden werden aus den Anstrengungen der Pioniere größeren Nutzen ziehen als die Pioniere selbst.

Die Antwort auf die erste Frage liegt also bei uns selbst. Du mußt die Erfolgs-Philosophie solange studieren, bis du jene Resultate erzielst, wie sie für dich und dein Bedürfnis nach Sicherheit nötig sind. Natürlich wird eine Zusammenarbeit mit anderen ermutigend und hilfreich sein; aber letztlich mußt du selbst alle Verantwortung für dein Leben wie deinen Tod tragen. Trotzdem kannst du dich auf eine Gewißheit fröhlich einstellen, und du kannst diese Gewißheit erlernen - wenn du liest, schreibst oder irgendeine der erwähnten Methoden der Selbstbeeinflussung benutzt.

Die erste Frage beantwortet bereits die zweite: Bist du dir der Wahrheit der in diesem Buch formulierten Prinzipien sicher, dann kannst du auf sie mit größerer Zuversicht bauen als auf den Wert des US-Dollars oder das Gesetz der Schwerkraft.

Denn hieltest du einmal inne und dächtest darüber nach, so kämst du bald zu dem Schluß, daß sowohl der Dollar wie auch die Gravitationskraft auf Glauben beruhen.

Du erlernst neue Glaubens-Sichtweisen genauso allmählich, wie du die gewohnten Sichtweisen allmählich erlernt hattest. Darum wartet der Tod nicht hinter der nächsten Ecke; du hast keinen Beweggrund, ihn dorthin zu locken. Den Tod nämlich anzulocken, ohne richtig erlernte Erwartungshaltung - das ist genauso schwer, wie eine Million DM anzulocken ohne entsprechend trainierte Erwartung!

Am allerwichtigsten ist mir dieser Punkt:

Es spielt überhaupt keine Rolle, wer du bist - du kannst in jedem Fall das Ziel erreichen.

Da gibt es nicht **eine** Lebenssituation, die nicht geändert werden kann.

Da gibt es nicht eine unheilbare Krankheit - außer der, die du akzeptierst; und du kannst die selbstauferlegten Bewertungen (so oft stempeln sie mich zum Opfer und verurteilen mich zur Ohnmacht) abwerfen! Wie sagte Jesus so liebevoll: »Selbst, wenn euer Glaube so klein ist wie ein Senfkorn, es wird durch ihn euch nichts unmöglich sein.«

Möge euer Senfkorn rasch zu einem Baum werden und alle Arten von Erfolg als Früchte tragen.

VIERTES KAPITEL

Ein kleine Paranoia ist ein Zeichen geistiger Gesundheit

Wie mit dem Verfolgungswahn sinnvoll umzugehen ist

Verwirrung ist ein hoher Zustand des Seins, der zu einer neuen Ordnung führt. Je schneller du dies annimmst, desto schneller kannst du wachsen.
Verwirrung ist, wenn zwei Realitäten aufeinander stoßen. Die alte ist noch nicht unreal, und die neue noch nicht ganz real.

Der folgende Abschnitt ist für furchtsame Menschen geschrieben, die über Fernsehsendungen voll Gewalt, Morde in den Nachrichten und »Regierungen von heute« zutiefst erschrocken sind. Ehrlich gesagt, solange wir Waffen verkaufen, werden wir Totschlag und Mord auf der ganzen Welt säen.

Ich hoffe, wir ernten nicht alles, was wir säen... Ohne die Vergebung und das lange Leiden Gottes würde unsere exportierte (wie auch die für den »Eigenbedarf« produzierte) Gewalt mit größerer Kraft auf uns zurückschlagen, als es bisher der Fall gewesen ist. In den Vereinigten Staaten spiegelt sich der Auslandsexport von Gewalt augenblicklich in Daten der eigenen Kriminalstatistik wider.

Es kann weder persönlichen noch internationalen Frieden geben, ohne die Idee der physischen Unsterblichkeit. Dabei ist es gleichgültig, ob wir sie erreichen. Wir werden sie jedenfalls nie erreichen, wenn wir nicht den Mut haben, über sie nachzudenken.

Ich liebe das Leben, liebe Gott, die Menschen, Jesus Christus und all jene unsterblichen Yogis, die Wahrheit, Einfachheit und Liebe in die Tat umsetzen.
Gernhaben müssen wir auch die Menschen in den Gefängnissen und die Leute aus der Politik, die törichte und verheerende Fehler machen. Und

wir sollen sie nicht passiv gern haben, sondern müssen ihnen spirituelle Reinigungspraktiken beibringen. Doch, wie können wir das tun, wenn wir die nicht selber beherrschen?

Der wirksamste Weg, atomaren Krieg und Gewalt jedweder Art zu verhindern, führt über den täglichen bewußten Kontakt zum Heiligen Geist, der ewiglich das Feuer erschafft. Feuer läßt die Präsenz Gottes unmittelbar erfahren, und es mag deshalb vielleicht das wichtigste Element unseres Zeitalters sein - da es sich dem Ende nähert. Das Hantieren und Zusammensein mit dem Feuer beruhigt den Geist, vermittelt Kraft und Klarheit des Lebenszwecks.

Es gibt niemand aus dem Menschengeschlecht und nichts im Weltall, der/die/das deinen Tod wünscht oder daran auch nur interessiert ist - außer dir selbst. Niemand wird deinen Tod erwägen, sofern er nicht versucht, dich - oder sich selbst - zu retten. Falls man dich also damit foppt, dich töten zu wollen, dann hat das den Zweck, dich von deinen angstvollen Gedanken zu befreien. Andere Menschen sind genauso sicher, wie es deine Gedanken zulassen. Die Wahrheit ist: sie haben vor dir Angst!

Ihre Angst bzw. ihre eigenen Gedanken pflegen sie soweit zu bringen, dir Böses anzutun. Sieh also, erstens, all deine furchtsamen Gedanken, so daß du friedlich wirst; dann wirst du, zweitens, die Menschen um dich herum klar genug sehen können, um ihnen beim Aussortieren ihrer furchtsamen Gedanken zu helfen. Auf diese Art dehnst du deine eigene Sicherheitszone aus.

»Physische Unsterblichkeit« ist eine solch große und inspirierende Idee - sie kann auch deine letzte Paranoia aus den Angeln heben. Haben also deine Eltern oder Geschwister dir während deiner Kindheit Sachen weggenommen, die du liebtest, dann könnte dein Verstand nun schlußfolgern, der Tod würde dir das Leben rauben, falls du die Vorstellung der Unsterblichkeit liebst. Doch weil das Leben ewig ist und den Tod überlebt, wird das nicht eintreten. So wie dich Mitglieder deiner Familie noch nicht umgebracht haben, wird es auch niemand anderer tun. Statistisch gesehen ist es sehr schwer, von einem Fremden auf der Straße ermordet zu werden - fast unmöglich. Du mußt da schon aus dem Opfer-Bewußtsein eine Vollzeitbeschäftigung machen, um von irgend jemand ermordet zu werden. Und das ist viel Arbeit für wenig Geld... Prinzipiell wird jeder Mord bereits vorab von dem, der ermordet werden soll, vollzogen. Falls du dich nicht selbst - gedanklich - tötest, wird es auch kein anderer tun. (Bloß: wozu liest du dann dieses Buch?)

Wenn du jetzt nicht tot bist, dann bist du sicher. Du lebst! Wenn du jetzt nur einen angstvollen Gedanken umformst, dann wirst du in Zukunft noch sicherer sein. Fürchte dich dabei nicht vor angstvollen Gedanken - sie schützen dich. Angst warnt dich vor deinen eigenen negativen Gedanken - wie auch vor jenen anderer Leute. Wenn du dich also vor dem eigenen Verstand sicher fühlst, dann kannst du dich überall sicher fühlen, selbst auf dem Schlachtfeld. Jeder, der eine Schlacht im Krieg lebend überstand, dachte in irgendeiner Form, der Gegner würde ihn nicht töten. Er hatte Glauben an das Leben oder Durst danach, zumindest eine gute Entschuldigung. Alle Kriege werden von Todes-Gläubigkeit inspiriert und von Sterblichen angezettelt - von Menschen, die glauben, sie seien sterblich, aber diesen Glauben nicht ernst nehmen.

Fühle dich erst einmal vor deinem Verstand und deinen Gedanken sicher und bleibe dabei. Laß die Menschen um dich herum sich sicher fühlen - und alles, was du bekommst, ist Frieden. Die Gewalt wird verschwinden, und jeder, der stirbt, wird friedlich sterben. Es ist für andere Leute in Ordnung zu sterben, wenn sie es so wollen. Stirbst du, so ist das auch in Ordnung. Doch dein höchstes Ziel ist, Meister deines Energiesystems zu werden, d. h. deiner Gedanken, Gefühle, Vitalströme und Organe.

So wie du weißt, wie du deinen Körper bewußt dematerialisieren und mitnehmen kannst, hast du dir das Recht verdient, in konventioneller Manier zu sterben. Nach Lust und Laune. Ganz wie's beliebt...
Die Überbevölkerung ist wohl ein noch größerer Feind als der Tod. Sie kulminiert in Form von unwissenden Menschen, von Hungertod und Krankheit, Zerstörung der Natur und sehr weitverbreitetem Mangel. Die unbewußte, mechanische Reproduktion menschlicher Körper führt in direkter Linie zu Gewalt und allen Spielarten des Bösen, doppelzüngigen Kirchendogmen und sämtlichen Spielarten des Bösen.

Wenn in der realen Welt Unsterbliche oder spirituelle Meister bzw. angehende Meister Liebe stiften und säen, dann endet der Krieg, und die Menschen sind besser in der Lage, an selbst geschaffenen Krankheiten still zu sterben.

Wahrscheinlich gilt das für Indien. Dort gibt es relativ wenig Gewalt (statistisch passierten in ganz Nordindien bis in die 80iger Jahre weniger Verbrechen, als in Chicago allein); und das meiste davon wird vom Westen gelernt. Es sterben nicht nur die meisten Menschen friedlich in Indien, sondern es gibt auch die lebendige und allgemein akzeptierte Vorstellung, bewußt und pragmatisch den Körper zu verlassen, ohne daß dieser krank, alt oder abgenutzt sein muß (das indische Wort dafür: mahasamadhi).

Die Wurzel jedes Verfolgungswahns (jeder Paranoia) ist der Glaube, der Tod sei unausweichlich - Gott oder die Natur oder irgend jemand sei daran interessiert, dich zu töten oder sonstwie zu schädigen. Ersichtlicherweise kannst du das nicht denken, ohne dich zuvor ungeliebt zu fühlen. Die Bibel sagt, daß die vollkommene Liebe alle Furcht vertreibt. Furcht ist identisch mit der Anstrengung, die es kostet, an negativen Gedanken anzuhaften. Hast du keine negativen Gedanken, dann hast du auch keine Furcht - nur Selbstwertschätzung und Selbstliebe; Liebe von Gott. Solltest du dich nicht an alle diese Ideen erinnern, dann rufe dir nur diese folgenden Affirmationen ins Gedächtnis:

»Im Universum existieren riesige Knautschzonen. Ich verfüge über einen Spielraum, in dem ich viele Fehler begehen kann, ohne mich zu gefährden.«
Offensichtlich ist es schwierig, in irgendeinem Wirtschaftssystem Erfolg zu haben, wenn dich deine Ängste davon abhalten, erfolgreich mit den Leuten und der Welt umzugehen!

Und *»Ich vergebe mir für alles, was ich mir an Schmerz und Leid zufügte; jetzt liebe ich mich bedingungslos.«*

Des Rauchens Glanz, des Rauchens Glorie

Rauchst du Zigaretten, so kannst du durchaus wie ein Akteur in der Fernsehwerbung aussehen - distinguiert, clever, souverän.

Doch, das wär's dann. Danach geht es .... bergab.

Rauchen ist auch eine Art »Kontakt« mit irgend etwas - und sei es nur die Zigarette. So wie andere Rituale (Marotten, Zwänge, Vergangenheitsdenken und Zukunftsbefürchtungen) macht auch das Ritual des Rauchens **sicher**. Führte mich früher Mama an der Hand, habe ich heute das Kamel dabei. Rauchen ist das Inhalieren der Freiheit - ohne sich bewegen zu müssen... Abenteuer im Kopf. Gefühle als wildgewordene Gäule, die in alle Richtungen davonrennen. »Come together«, ohne wirklich zusammen zu kommen, weil Raucher stinken, um sich gegenseitig die Sicht zu vernebeln und sich an der Zigarette festzuhalten. Freiheit und Abenteuer heißt riskieren, Grenzen überschreiten, Altes zurück lassen, das Bewußtsein meiner Grenzen er-»weitern« - und alles, was mir zu diesem Thema einfällt ist, meine Gefäße zu verengen?

Es scheint möglich, sich das Rauchen als Gewohnheit aufzuerlegen und sogar zu glauben, sie sei erquicklich, und das für 10 Jahre lang oder länger bevor sie einen umbringt. Der Ursache-Folge-Zusammenhang zwischen Rauchen und Sterben ist nämlich sehr vage.

Aber gar nicht vage ist, daß Rauchen deinen Atem, dein Haar, das Haus, den Wagen mitsamt deiner ganzen Person - stinken läßt. Es verschmutzt deine Aura, die Haut, die Lungen und schließlich den ganzen Organismus.

Und nach einiger Zeit bist du abhängig; zu rauchen, jetzt eine Zigarette zu haben - es scheint das einzige, was das Leben lebenswert macht. Das größte Übel allerdings ist, daß es dein Fühlen unterdrückt.

Zwar mag das Rauchen tatsächlich viele Leben retten, nämlich die Leben von Leuten, die vielleicht ermordet worden wären von Rauchern, hätten letztere nicht Ärger, Wut, Frustration und Depression betäubt mit - Nikotin. Hätten sie nicht ihre Lungen mit Teer verklebt, die Arterien verkalkt, hätten sie dieses Mehr an Lebendigkeit und Kraft als Wut oder Gewalt gegen andere verwendet. Zwar unterdrückt der Drogeneffekt der Zigarette den Todestrieb. Doch findet sich unter diesem der Lebenstrieb! Und findet sich hinter Ärger, Trauer, Depression und Leid deren positives Gegenteil: Freude, Friede, Einsicht und schöpferische Kraft.

Das Rauchen also betäubt nicht nur unsere negativen Gefühle, sondern auch die positiven! Die Droge Zigarette unterbindet das Gefühl: volllebendig zu sein. Und sie verwandelt Millionen Menschen zu lebenden Leichen... von denen es doch aus anderen Gründen schon so viele gibt.

Solange du süchtig nach Zigaretten bist, gibt es für dich weder die Beherrschung des Atems noch die physische Unsterblichkeit.

Ohne Raucher geht es der Welt besser!

Hast du Zigaretten lieber als deinen Körper, dann wirst du beides verlieren.

Raucher sind Drogenabhängige.

Den Körper von dem von Zigaretten angerichteten Schaden zu heilen, ja, überhaupt das Rauchen zu überleben - das ist wahrlich ein Vollzeitjob. Weshalb widmen so viele Leute ihr Leben diesem »Hobby«?

Die Antwort darauf liegt tief verborgen in der Psyche oder, andersherum gesagt, im Körper. Und dessen Bedürfnis nach Zigaretten hat mehrere psychologische Ursachen.

Ersichtlicherweise gibt es eine Ähnlichkeit zwischen dem Saugen an der Zigarette und der Fütterung an der Mutterbrust. Darum rauchen häufig Menschen, während sie eine warme Flüssigkeit trinken. Die meisten assoziieren unbewußt auch eine Menge Ärger mit der Brustfütterung, die sie als Säugling erlebten. Ich glaube sogar, daß die meisten Vergewaltigungen und Morde an Frauen auf die Frustration beim Stillen zurückzuführen sind, psychoanalytisch gesehen.

Doch die eigentliche Kausalverbindung leitet zurück in den Leib der Mutter. Einige Ärzte erklärten mir, daß im Mutterleib die Lungen des Embryo zusammengefallen, andere wiesen darauf hin, daß sie mit Fruchtwasser angefüllt seien. Möglicherweise stimmen beide Interpretationen.

Jedenfalls aber wird die Sicherheit und Geborgenheit, die der noch ungeborene Mensch im Mutterleib empfunden hat, als dermaßen angenehm erinnert, daß der Erwachsene jene damaligen Körperempfindungen wieder zu beleben sucht. So ist wohl auch das hauptsächliche Motiv für den generellen Hang zum physischen Tod zu bewerten: er scheint die einzige Möglichkeit zu sein, voll und ganz und mystisch in den Mutterleib zurückzugelangen. Was also die Menschen wirklich ersehnen, ist nicht die Zigarette, sondern der Mutterleib.

Wiewohl diese Erkenntnis für Raucher erschütternd ist, sodaß sie das Rauchen aufgeben wollen - sie reicht doch nicht hin, die Gewohnheit zu brechen. Dazu müssen schon Verstand und Körper neu programmiert werden; das wird auch Disziplin genannt.

Und sie beginnt mit einer Entscheidung. Der Entscheidung, einen Tag in der Woche nicht zu rauchen. Nur einen Tag pro Woche sich zu beherrschen, das trainiert den Verstand frisch ein; der Körper folgt. Der Rest ist leicht: zwei Tage pro Woche, dann drei, usw.

Glückliches Atmen!
(Warmwasser-Rebirthing ist dabei sehr hilfreich.)

Raucher haben mir nach Prüfung der wahren Natur ihrer Abhängigkeit mitgeteilt, daß es nicht die orale Befriedigung ist, wonach sie eigentlich suchen, sondern vielmehr ein gewisses Gefühl in den Lungen, in der Brust.
Wenn du nur an einem Tag in der Woche rauchst, wirst du selber feststellen, was diese Gewohnheit mit deinem physischen und energetischen Körper anstellt. Du kannst das präzise fühlen.

Um das Rauchen abzulegen, ist es nötig, Todestrieb und Geburtstrauma zu heilen.

FÜNFTES KAPITEL

Eine Interpretation der Geschichte

Sie ist »unwissenschaftlich«, also nimm sie nicht zu ernst. Sie setzt ganz andere Schwerpunkte - höre sie dir mit weisem Humor an.

Menschheitsgeschichte - das Märchen von IHM, ohne die Vision SEINER Größe - ist wirklich umfangreicher, als Sterbliche sie beschreiben. Es mag vielleicht für Sterbliche nicht möglich sein, über die selbst gesetzten Prämissen hinauszublicken, solange sie diese nicht bezweifeln. Denn sie haben Schwierigkeiten, an die Möglichkeit zu glauben - ja gar sie zu bemerken -, daß andere Menschen tun, was sie nicht tun können.

Den Menschen bereitet es Mühe zu glauben, daß Jesus Christus den Tod überwinden konnte. Viele Gelehrte und Laien der Kirche streiten den realen Geschehnischarakter hinter den Aussagen im Neuen Testament ab; sie werden ignoriert oder zeitgemäß interpretiert. Würden wir unsere Aufmerksamkeit darauf lenken, daß Enoch, Melchisidek, Moses und Elias ebenso den Tod überwanden, so ließen diese zusätzlichen Belege vielleicht jene Aussagen glaubwürdiger erscheinen. Denn die Bibel ist eine erst jüngst entstandene Hlg Schrift.

Doch wie geschähe uns, wenn wir die Perspektiven sähen, wie sie in älteren Hlg Schriften dargeboten sind? Zum Beispiel wird im Ramayana (der Überlieferung nach vor 130.000 Jahren entstanden) beschrieben, wie Rama und Sita eine Periode des Friedens und Wohlstands begründeten, die 10.000 Jahre lang währte. Während dieser Zeit starben die Kinder nicht, und Erwachsene lebten durchschnittlich Tausende von Jahren.

Einige betrachten die Bibel als Sammlung von Mythen; doch weitaus mehr, besonders Christen, betrachten die älteren Hlg Schriften als Mythen. Christen werden motiviert von ihrem Ehrgeiz: ihre Bibel muß besser als andere Bibeln sein. Es ist, als sage man, »ich fliege mit Eastern Airlines, darum ist die besser als Western Airlines«. Die Wahrheit sieht so aus: In mancher Hinsicht ist Eastern, in anderer Hinsicht ist Western Airlines besser. (Die einen servieren Champagner, die anderen haben hübschere Stewardessen.) Und der Zweck aller Religionen ist es, die Gottsuche leichter und interessanter zu machen.

Aus der Sicht Gottes dient die Verschiedenheit nicht dem Konflikt, sondern der Klarheit und Farbigkeit. Gott ist, wie das Weltall zeigt, sehr künstlerisch. Er wußte auch, wieviel Lippenbekenntnisse wir frömmelnd ablegen würden, und gab uns darum zur Therapie viele Glaubensbekenntnisse.

Jedoch wir töten einander seit Jahrtausenden - Moslems töten Moslems, Christen Christen und Hindus Hindus etc. Religionskriege aber sind nicht das Resultat vieler Religionen, sondern von Haß und dogmatischen Lippenbekenntnissen, hinter denen die »Religion des Herzens« evaporisiert.

Die Hlg Römische Kirche unterdrückte das Wissen um die indischen Ursprünge von Juden- und Christentum derart erfolgreich, daß sogar konfessionsfreie, säkulare Universitäten in den USA wie auch in den meisten Ländern der Erde noch heute suggerieren, die menschliche Geschichte oder zumindest Zivilisation hebt erst vor 6.ooo Jahren an. Adam und Eva sind für das Jahr 4004 v. Chr. verzeichnet.

Da wir von den alten Schriften des Ostens stückchenweise naschen, stückchenweise auch von unseren Vorurteilen lassen, erscheint die Darwin'sche Evolutionstheorie hinsichtlich des Menschen eigentlich als Ladenhüter. Krishna lebte 1000 Jahre vor Adam. Er demonstrierte größere göttliche Kräfte als je ein Welt-Erretter davor oder danach. Rama und Sita lebten vor 130.000 Jahren und sind noch immer lebendig. Ich weiß es, weil ich das Vergnügen hatte, sie eines schönen Tages, 1984, in Westdeutschland zu treffen.

Rama und Sita begründeten die letzte große Epoche körperlicher Unsterblichkeit. Dazu verankerten sie die sieben Elemente der spirituellen Reinigung - den Namen Gottes, Erde, Wasser, Feuer, Luft, spirituelle Gemeinschaft und Wahrheit, Einfachheit und Liebe - fest in der Kultur. Es war die letzte Periode, in der Feuertempel populär waren. Die Alten Schriften bezeugen, daß zu jener Zeit Kinder nicht starben und der körperliche Tod für Erwachsene nur eine Option war.

Falls die von jemand gewählt wurde, regte sich niemand auf, war der

Tod doch offensichtlich eine freie Wahl. Und so lebten die Menschen volle, reiche Leben von Tausenden von Jahren und starben nur, wenn sie es wollten.

Allmählich begannen die Menschen eher zu sterben; doch immer noch störte das niemand. Nach einiger Zeit wurde der Tod quantenweise volkstümlicher als das Leben. Das geschah in derartigen Zeitlupentempo, daß niemand bemerkte, wie der Tod das Leben der Menschen infiltrierte. Und als der Tod das Leben ganz umarmt hatte, war in Vergessenheit geraten: physische Unsterblichkeit - was das war - wie sie verloren wurde - und wie ursprünglich erworben.

Es kostet hier etliche Mühe, Ursachen und Wirkungen exakt zu identifizieren. Wie konnten Leute, die Tausende von Jahren alt waren, die einfachen Praktiken spiritueller Reinigung verlieren und vergessen? Wegen der uralten Schwierigkeit, die Menschen mit der Unterscheidung haben zwischen Ideen, die sie theoretisch kennen, und Ideen, die sie praktisch anwenden!

Viele wissen zum Beispiel, daß Fasten blutreinigend wirkt. Doch ist das grundverschieden von der Praxis, solang zu fasten, bis das Blut wieder rein strömt. Es ist auch allgemein bekannt, daß mehr Menschen an Völlerei sterben als durch Verhungern. Doch wird es Menschen in der Regel nicht umbringen, wenn sie ein Jahr lang zu viel essen. Man kann sich sogar zehn Jahre lang überessen, ohne zu sterben. Und so vergißt man leicht den Zusammenhang von Ursache und Wirkung - bei saturierter Freßsucht und körperlichem Tod.

Ähnlich gilt das bei Wasser, Luft, dem Namen Gottes, der spirituellen Gemeinschaft! Besuchen wir nicht jedes Jahr einen Heiligen oder spirituellen Meister, so werden wir deshalb daran nicht sterben. Tun wir es aber, dann kann er/sie vielleicht unseren Tod verhindern; er/sie kann uns vielleicht die Geheimnisse der Lebendigkeit lehren.

Baden wir nicht zweimal am Tag, so werden wir deshalb nicht sofort sterben. Unser Körper braucht eine Weile, um steif und arthritisch zu werden. Doch wenn er steif und krank geworden ist, dann wird ein Bad allein nicht helfen können; mehrere Bäder aber werden das können.

Fazit: Spüren wir nicht dem exakten Ursachen-Folgen-Kreis nach, dann geht uns die Weisheit des gesunden Menschenverstands verloren. Jeder muß solche akkuraten Unterscheidungen für sich selber anstellen. Es macht keinen Spaß, die Weisheit anderer Leute zu praktizieren - aber viel Spaß, die eigene zu entdecken.

Mir erscheint es einleuchtend (und es gehört genauso einem Ursachen-Wirkungs-Prinzip an), daß dieselbe Technologie, die uns der direkten Erfahrung des Feuers enthob, nun damit droht, sie uns innerhalb von 40 Minuten durch einen Atomkrieg zurückzuschenken. Sind doch Erde, Luft, Wasser und Feuer die intelligenten Manifestationsformen Gottes in der Natur. Ein Atomkrieg ist eine Art von »Reinigung« ...

Von meiner eigenen spirituellen Gemeinschaft lernte ich, weshalb die Menschen auf so merkwürdige Weise ihre Unsterblichkeit verloren. »Consciousness Village« - Campbell Hot Springs in Cierraville, Californien, ist exklusiv für den Zweck konzipiert, spirituelle Reinigungspraktiken zu lehren. Jede Woche haben wir ein Fünf-Tages -Training.

Genau das passierte auch vor hunderttausend Jahren. Als Rama und Sita das vierfache Evangelium (Erde, Wasser, Feuer, Luft) zusätzlich zu den anderen drei spirituellen Fundamenten in der Kultur verankerten, praktizierten die meisten Menschen, woran sie glaubten, und die resultierenden Energieströme waren derart intensiv, daß die Menschen bis zu 10.000 Jahre leben konnten. Aber es ist leicht, die lebendige Wertschätzung für solch einfache Praktiken zu verlieren, sofern deren Wirkung nur passiv empfangen wird.

Nach einer Weile hörten die Leute auf, regelmäßig in die Feuertempel zu gehen. Die Feuer erloschen. Gewalt begann sich wieder in der Gesellschaft zu regen. Man vergaß, daß es das Feuer ist, das die Gewalt heilt.

Spirituelle Reinigung erhält nicht nur den Körper gesund, vital und voller Energie - sie hält auch die Liebe rein.

Es ist offensichtlich: Physische Unsterblichkeit ist ohne die Frische, wie sie nur spirituelle Reinigungsakte spenden, nicht wünschenswert; eine durch Drogen eventuell erzielte Unsterblichkeit wäre ganz und gar abzulehnen: ewige Neurotiker ergäben keine glückliche Perspektive für die Menschheit! Wie würden Menschen innerhalb von 6000 Lebensjahren werden, wenn sie bereits in der Spanne von 60 Lebenslenzen zu all-seitiger Verrücktheit ausarten - man stelle sich das einmal vor!

Das Ziel »physische Unsterblichkeit« steht also moralisch-spirituell tiefer als die praktische Anwendung von Wahrheit, Liebe und Einfachheit. Die unsterblichen Yoga-Meister Indiens und der Bibel lehren uns eben dies. Der Zweck der Bibel und aller anderen Heiligen Schriften ist, uns darüber zu unterrichten, wie der Tod die Bühne menschlicher Geschichte betrat, und wie der Mensch ihn wieder loswerden kann. Durchweg ist die Lösung und der Weg: Wahrheit, Einfachheit und Liebe.

Wahrheit sagt, daß das physische Universum aus Erde, Wasser Feuer, Luft zusammengesetzt ist. (Der Äther kann auch als Medium des Hl. Geistes bezeichnet werden und hat lenkende, entwickelnde Funktionen.) Diese Wahrheit ist nicht mit Prinzipien der organisch-anorganischen Chemie zu vergleichen, die auf einer ganz anderen Betrachtungsebene angesiedelt sind.

Einfachheit sagt, daß du allem und jedem so begegnest, als komme es aus der großen Einheit mit Gott und gehe dorthin zurück.

Und Liebe sagt, daß du jeden Menschen und alles Lebendige respektierst. Liebe sagt dir: sei willens, die negative Energie anderer Leute zu verarbeiten - das ist größer als Vergebung.

SECHSTES KAPITEL

Essay über die Religion

Das Paradies

Die (biblische) Geschichte von physischer Immortalität und Tod beginnt im Garten Eden mit Adam und Eva.

Wie bereits gesagt: Der Zweck der ganzen Bibel besteht darin, uns zu überliefern, wieso der Tod ein unseliges Erbe unserer Rasse wurde, und uns zu instruieren, wie wir uns dessen wieder entledigen können. In der Bibel werden fünf herausragende Unsterbliche genannt, die den Tod außer Kraft setzten.

Inmitten des Paradieses stehen zwei Bäume - der Baum des Lebens und der Baum der Erkenntnis von Gut und Böse. Der Baum des Lebens ist der Ewige Geist, das Leben an und für sich. Später wird dieser Baum auch »Atem des Lebens« genannt. Der Geist ist Energie. Der Baum des Lebens ist das subjektiv-individuelle Seelenleben der Menschen wie auch die Kraft des Weltalls.

Vom Baum des Lebens zu essen bedeutet, Gott zu lieben, mit ihm mitzuschwingen und in Verbindung zu bleiben - eins zu sein mit dem Vater. Zu jeder Zeit ist es möglich, Gott zu lieben und mit Gott, dem Vater, zusammen zu sein. Eigentlich sind wir immer eingetaucht in Seine Gegenwart, aber wir können denken, wir seien es nicht.

Einst sagte ein Dichter: »Die Menschen brauchen die Religion, wie der Fisch das Fahrrad braucht.«

In Wahrheit können wir nicht von Gott loskommen oder von Ihm getrennt sein. Wir können lediglich denken, wir seien oder fühlten uns Ihm entfremdet. Hätte Eva sich daran erinnert, als die Schlange ihr sagte, sie solle von jener Frucht essen, um Gott gleich zu werden - sie hätte gelacht. Denn weise sein heißt, zu wissen, daß der Geist der Ursprung aller Dinge ist und ER uns ewiglich liebt. Weise zu sein heißt, dies wahrzunehmen: keine Frucht kann die Natur des Geistes verändern.

Der Baum der Erkenntnis - das ist die menschliche Mentalsphäre, kurz: das Mentale. Es umfaßt unsere Denkfähigkeit und die Kollektion unserer Gedanken und Gefühle. Ein Gefühl bzw. eine Emotion besteht aus einem Gedankenarrangement, das die Energie des Geistes in einer gewissen Weise kondensiert. Das Fühlen an und für sich genommen ist der Ewige Geist. Das heißt also, ein spezielles Gefühl ist Geist, beeindruckt von einem spezifischen Gedankenbild. Es ist »gefärbter Geist«. Liebe zum Beispiel ist Geist, gefärbt von liebevollen Gedanken. Ärger ist Geist, gefärbt von hassenden Gedanken (wer da gehaßt wird - vielleicht ist's man selbst? - das steht auf einem anderen Blatt).

Grundsätzlich gibt es zwei Arten von Gedanken:

- Gedanken über die erschaffene Wirklichkeit, und

- Gedanken über Gott, die Ewige und Unerschaffene Wirklichkeit.

Gott ist der Schöpfer. Wir können über Ihn nur nachdenken, weil wir eins mit Gott sind. Gott ist Natur, ist unsere Natur. Wir können nach innen schauen und sehen, was Gott ist - wie Er sich ausnimmt - wenn wir tief genug nach innen schauen.

Vom Baum des Lebens zu essen und ewig zu leben - das heißt zu erkennen, daß GEIST der Ursprung unserer Denkfähigkeit und unserer Erkenntnis ist. Und ist dieser der Ursprung der Erkenntnis, dann kann alles erkennbare Wissen verändert werden. Sterbliches Wissen kann durch unsterbliches Wissen ersetzt werden. Anfälliges, auf falschen Prämissen fußendes Wissen in uns, kann vernichtet werden. Negative Gedanken und Gefühle können aus unseren Gehirnen und Körpern herausgewaschen werden vom puren Wasser des Lebens.

Dieser Ewige Baum des Lebens wächst immer in uns. »Gott hat die Ewigkeit ins Herz der Menschen gelegt«, sagte Salomon einmal, als ob er Jahrtausende später auf die Paradies-Geschichte antworten wolle.

Vom Baum der Erkenntnis die Frucht zu essen - das bedeutet, einen wichtigeren Gedanken als Gott, als das Leben selbst zu hegen. Definitionsgemäß zeitigt das: Tod.

Zu denken, daß z.B. der menschliche Körper ohne richtige Ernährung stirbt, bedeutet, von der Frucht des Erkenntnisbaums zu essen. Auch zu glauben, daß der Tod unvermeidbar ist, bedeutet, vom Baum der Erkenntnis zu essen.

Wenn du vom Baum des Lebens ißt, wirst du jede Erkenntnis und jeden Gedanken fragwürdig finden. Und du wirst wissen, daß Gedanken und Erkennbares samt und sonders geändert werden können.

Wo wir im Geist des Lebens weilen, wissen wir dies: der Gedanke, der Tod sei unvermeidbar, hat nicht größere Macht als der Gedanke, der Tod sei vermeidbar. Denn wir sind die Quelle, aus der unser eigenes Wissen fließt, und wir können unsere Kraft in einen beliebigen Gedanken versenken oder sie ihm wieder entziehen. Wir können unsere Gedanken wählen. Wir haben die Verfügungsgewalt über unsere Gedanken - und diese erschaffen unsere Realität. Falls wir uns für Gedanken physischer Unsterblichkeit entscheiden, anstatt für Gedanken des unvermeidlichen Todes, dann werden wir Bibelzitate über Körperbeherrschung auswählen. Wenn wir aber entscheiden, der Tod sei unvermeidlich, dann werden wir uns dem überlassen und eine Theologie, Philosophie und Physiologie konstruieren, welche den Tod rechtfertigen. Denn immer brauchen wir eine kunstvolle Lehre, die unsere Haltung schmückt - ob eine religiöse oder andere Haltung.

Ich habe den Baum des Lebens in Gott entdeckt, und ich lade dich ein, es mir und Jesus und Enoch und Melchisidek und Moses und Elias und allen anderen Unsterblichen gleichzutun - und von IHM zu essen. Ich hoffe, daß dieses kleine Kapitel dir dazu dient, Verstand und Körper durch die Ewige Lebendigkeit des Großen Einen Gottes anzuregen.

In der Geschichte vom Paradies kommen viele Symbole und verschlüsselte Bedeutungen vor, aber die offenkundigste Bedeutung ist: wir sind denkende Geister, die sich selbst ihre Wirklichkeit erschaffen. Sollten wir versäumen, das zu verstehen, dann würden wir die Macht unseres Verstandes und unserer spirituell-seelischen Energie in alle Zukunft nur dazu benutzen, uns selber zu verwirren und zu vernichten. Die Bedeutung der Aussage wird noch erhöht: als Gott Adam und Eva aus dem Paradies vertreibt, setzt Er ein flammendes Schwert an den Eingang, das sich in alle Richtungen wendet und so den Durchgang verwehrt.

Das Schwert symbolisiert den Gedanken; der kann sich in alle Richtungen drehen; er kann alles beäugen. Das flammende Feuer symbolisiert die Reinigung. Ewiges Leben ist nur jenen Menschen möglich, die in Reinheit vom Baum des Lebens essen. Mit anderen Worten, es wird uns nicht erretten, wenn wir nur einmal an Gott denken. Wir müssen jeden Tag und dauernd an Gott denken und die ganze Zeit über eine erfolgreiche Beziehung zu Gott pflegen. Gott ist unser ewiger Partner, unser Liebhaber in Ewigkeit. Wir können den ganzen Tag mit Gott sprechen. Das ist lustig und vergnüglich.

Gott ist der Baum des Lebens. Wenn wir von Tag zu Tag, von Minute zu Minute mit Gott Kontakt pflegen, dann - wahrlich - essen wir vom Baum des Lebens.

Die Elemente, die zu unserer spirituellen Reinigung (zur Säuberung von Mental und Körper nach dem Genuß der Erkenntnisfrucht) nötig sind, hat Gott in der Natur angelegt. Es sind Wasser, Erde, Luft und Feuer. Der Akt der spirituellen Reinigung wird einem ewigen Rhythmus folgend immer wieder vollzogen. Er macht Freude.

Meiner Erfahrung nach ist Feuer das wirksamste Element, um den Todestrieb auszuwaschen und zu heilen. Deshalb ist das flammende Schwert ein schönes Symbol. Sachkundig zu wissen, wie Feuer reinigt und den Energiekörper ausbalanciert, das scheint mir erforderlich. Unser Energiekörper ist identisch mit unserem spirituellen Leib - der die Ursache unsres physischen Leibes ist.

Die Aura, auch »Regenbogenkörper« genannt, bildet die Brücke zwischen Geist und Materie. Reiner Geist besteht aus weißem Licht; Gedanken und Gefühle liefern die Farben.

Eine Bewußtseins-Kraft transferiert Energie auf Räder (Chakra). Diese »Räder« bilden alle Organe und Gestaltformen des physischen Leibes wie auch die Farben der Aura aus.

Die Bibel ist eine Hlg Schrift jüngeren Datums. Alle Details der Erschaffung von Universum und menschlichem Körper wurden nicht in dieser Schrift erwähnt, hat sie doch Gott bereits viele tausend Jahre früher niederschreiben lassen. Die Bibel ist nur eine unter mehreren Schriften Gottes.

Adam lebte 930 Jahre lang, und mehrere Personen aus der biblischen Genesis lebten über 500 Jahre. Diese Art Langlebigkeit war in jenen Tagen auf der ganzen Welt normal. In Indien und Japan lebten die Menschen etliche tausend Jahre lang. Die frühe alttestamentarische Zeit und Indiens Avatar Krishna markieren das Ende der alten Epoche physischer Immortalität.

Heutzutage gibt es ebenfalls mehrere Unsterbliche, einschließlich Jesus Christus. Ihre tägliche Routine besteht aus Meditation über Gottes Namen, zweimaligem Bad, Feuerzeremonie, Fasten und körperlichen Übungen, bewußter Energieatmung und spiritueller Kommunikation mit anderen Wesen. Die meisten Unsterblichen, die ich traf, haben eine Beziehung zum Ewigen Vater in menschlicher Form.

Ich glaube, wir bewegen uns in ein neues Zeitalter, in dem es jedem leichter fallen wird, Lebendigkeit, Gesundheit und ewiges Leben aufrechtzuerhalten. Das Zeitalter wird rascher verwirklicht, wenn wir Zivilisation mit dem Respekt für die Natur, Christentum mit spirituellen Reinigungshandlungen - wie sie von amerikanischen Indianern ebenso wie von Indern, Essenern und Jesus ausgeführt wurden - , und die diversen wahren Religionen mit Gott, dem EINEN, verschmelzen.

Jeder, der stirbt, stirbt generell aus einem einfachen Grund: Körper und Verstand sind verstopft - es ist zugelassen worden, daß nutzlose Nahrung und nutzloses Wissen beide Sphären verschmutzten. Physischer und energetischer Körper aber brauchen ständige Pflege. Die Nachlässigkeit, mit der wir unsere Lebensgewohnheiten und unsere Beziehung zu Gott praktizieren, muß unseren Tod bewirken.

Menschen, die die einfachen Disziplinen der Erde, der Luft, des Wassers und des Feuers versäumen, werden starr im Verstand, rigide in Gemüt und Körper. Ihre zwischenmenschlichen Beziehungen werden lau. Ihre Beziehung zu Gott leblos, frigide.

Wir müssen noch einen weiten Weg zurücklegen, um den lebendigen und gesunden Daseinszustand jener alttestamentarischen Patriarchen wiederzugewinnen; und einen noch weiteren, um die Lebensenergie von Rama und Sita zu entdecken.

Doch ist die souveräne Beherrschung der körperlichen Entrückung und Unsterblichkeit - so eindrücklich von den fünf Unsterblichen der Bibel demonstriert - das Ziel der Heilsrettung; denn diese ist nicht die illusionäre und verblassende Errettung, die von der Kirche gelehrt wird. Die heilende Errettung ist die vollkommene Befreiung von Geist, Seele und Körper. Die Erlösung des Körpers, des lebendigen Tempels Gottes - darum geht es in der Bibel.

Der Körper soll in das bewußte, ewige Leben des Geistes aufgenommen werden.

Anmerkungen zu (religiösen) Organisationen

Menschliche Organisationen können harmlos sein; sogar konstruktiv. Sie können auch sehr destruktiv sein. Religiöse Organisationen ersticken in aller Regel die Lebendigkeit und jene natürliche Göttlichkeit, die aus Menschen Heilige macht. Beinahe ist es ihre Bestimmung, Menschen daran zu hindern, die eigene göttliche Autorität auszuleben. Im besten Fall können religiöse Organisationen gleich Pflegemüttern sein, die einen Ideen-Zusammenhang vorgeben, welcher die Richtung zur Wahrheit weist.

Der beste Lehrer hingegen ist das physische Universum: der menschliche Körper, die vier Elemente. Ein Mensch kann rasch die Wirklichkeit entdecken, wenn er nur über die Natur nachdenkt und oft die Zeit in ihr verbringt. Die Zivilisation ist insofern betrachtet erst die Vorschule; sobald die Seelen beginnen, erleuchtet zu werden, ziehen sie mehr und mehr die wilde Natur vor.

Rebirthing ist eine direkte biologische Erfahrung von Gott. Doch sind noch immer zu viele Personen, die Rebirthing geben, flache menschliche Wesen und im Herzen arm an Mitgefühl; mit oberflächlich positivem Denken, das sich vor den eigenen Gefühlen fürchtet. Sie projizieren ihren inneren Unrat auf Freunde und Mitarbeiter. Aus dem Grund hat es noch keine erfolgreiche Rebirther-Organisation gegeben, genausowenig wie eine wirklich erfolgreiche Kirche oder Religion.

Der wahre Zweck von Organisationen ist - die Feier. Verehrung und Gottesdienst bedeutet Feier. Dogmen sind zum Feiern nicht nötig. Gottesdienst ist eine intuitive Verbindung mit Gott, ist eine Kommunion. Dabei sind irgendwelche Gedanken gänzlich überflüssig.

Der Ewige Vater lehrt seit ewigen Zeiten: Wahrheit, Einfachheit und Liebe sind als Dogma ausreichend! Alles was darüber hinaus geht, ist nicht notwendig.

Ein Gott, eine Welt, eine Menschheit! Für den unsterblichen spirituellen Meister ist sogar die menschliche Zivilisation überflüssig. Aber normale Menschen brauchen Unterstützung und Training, haben sie doch ihre natürliche Göttlichkeit vergessen, genauso wie ihren Ewigen Vater.

Es mag ja recht gut sein, im Augenblick zu leben; doch Weisheit ist auch nötig, wenn wir die kommenden Jahre überleben wollen. Wir müssen uns in Richtung Einfachheit entwickeln. Zeigen nicht alle ökologischen Lektionen der vergangenen Jahre dieselbe Tendenz: Chernobyl, radioaktive Verseuchung von Millionen von Menschen und Arten, Dürrekatastrophen mit massenhaftem Hungertod, dicke Schleier verschmutzter Luft um die Erde, riesige Löcher im schützenden Ozonschild, Erdbeben und fortgesetzte unterirdische Nukleartests, riesige Überschwemmungen, verheerende Stürme. Hunderttausende sterben wegen eines Krieges um Erdöl.

Ich glaube, daß es nur einen Weg gibt, diese Probleme praktisch, effizient und umgehend anzugehen: den der »Nachbarschaft-Vertretung«. Das heißt, ein(e) gewählte(r) Beauftragte(r) vertritt jeweils 100 bis 1000 Menschen aus einer Gemeinde, einem Viertel, einer Region. Mir scheint dies das einzige Modell zu sein, das die gesamte menschliche Familie in einen Körper Gottes verwandeln kann. Der/die Nachbarschafts-Beauftragte ist der wahre Diener und »Minister«. »Laßt den Größten unter euch euer aller Diener sein.« Was bedeutet die Bezeichnung Angestellte und Beamte im »öffentlichen Dienst« eigentlich sonst? Ist es nicht ihr Beruf, uns zu dienen?

Wahrscheinlich bewegen wir uns immer noch am Rand eines Atomkriegs, da wir das Feuer mißbrauchen und Atome spalten, anstatt zu fusionieren. Einfache Feuerzeremonien sind für die Kreativität inspirierend. Vielleicht werden die Menschen dazu inspiriert, einen Ersatz für den Benzinmotor zu erfinden und ihn auch weltweit einzusetzen - bevor es zu spät ist.

Wir müssen in unserer Zivilisation auf Einfachheit pochen. Jeder Fortschritt in dieser Richtung bringt uns mehr Überlebenszeit ein. Er bringt der gesamten Zivilisation mehr Zeit ein!

Mehr Menschen können sich freiwillig Armut auferlegen, da sie weniger Dinge zu Komfort und Vergnügen brauchen. Die so leben und handeln, brechen aus dem Gefängnis der Geldabhängigkeit aus. Die Bibel sagt, die Gier nach Geld sei die Wurzel allen Übels - denn Geld ist eben nicht: Wohlstand, Ideen, Güter! Dienste bringen Wohlstand.

Sobald wir uns auf die Herstellung eines wirklichen Wohlstandes konzentrieren, ohne die natürlichen Ressourcen der Erde zu vergewaltigen (anstelle einer dynamischen Anhäufung von Kapital), bewegen wir uns in die richtige Richtung. Die spirituelle Erziehung im großen Maßstab kann zur Umorientierung von Bürgern und von Regierungen sehr viel beitragen; es wird allerdings eine große Zahl von selbständigen Lehrern benötigt, welche spirituelle Disziplinen lehren, welche Wahrheit, Einfachheit, Liebe und spirituelle Reinigung den Menschen in allen Industriezweigen, in allen kommerziellen und sozialen Bereichen beibringen. Aber dies ist wohl der einzige Weg, über den wir den Himmel auf die Erde bringen können - und sollten wir den nicht dem anderen, schrecklichen und apokalyptischen vorziehen, den die Erde selbst gezwungen sein könnte, uns aus Reinigungsgründen aufzuerlegen?

Ganz offensichtlich reicht die Qualität unserer traditionellen Institutionen nicht aus, um den Problemen der heutigen Welt gerecht zu werden. Wir selber müssen irgendwie die Qualität unserer Praxis, unserer Lebensführung verbessern; und die Wahrheit von Erde - Wasser - Feuer - Luft wird uns dabei helfen.

Alle Kirchen, Regierungen und öffentliche Einrichtungen sind ursprünglich von und für Menschen geschaffen, sind Organisationen, deren Zweck es gewesen ist, zu dienen und Liebe zu demonstrieren wie zu lehren - Weisheit und Gerechtigkeit.

Die einzige Organisation, die von Gott erbaut und verwaltet wird, ist das physische Universum, die Natur. Darum verbringen die Menschen, wenn sie sich wieder Gott nähern, mehr und mehr Zeit in der Natur. Die Bibel spricht darüber, daß der Körper der heilige Tempel Gottes sei. Das heißt, der menschliche Körper ist die eigentliche heilige und wahre Kirche. Wir können Gott nur über unseren Körper erreichen - in unserem Körper meditierend. Unser Körper verdient Liebe. Umgäben wir , unseren Körper mit nur 10% der Liebe, die Gott für ihn fühlt, fürwahr, wir würden für immer in vollkommener Gesundheit und Jugend leben.

Der menschliche Körper, so wundervoll angelegt von Gott selbst, ist die beste religiöse Organisation, und sie weilt dazu auch im Hause Gottes, im Universum, das mit Vollkommenheiten angefüllt ist, wie sie unsere Vorstellung überschreiten. Das sollte Oganisation genug sein.

Innerhalb der christlichen Kirche trifft man horrende Vorurteile (und scheinheilige Selbstgerechtigkeit) hinsichtlich der New-Age-Bewegung an. Die meisten Menschen aus dieser Bewegung sind ursprünglich Christen, die anderen Christen mit praktischen Ideen und biblischen Grundsätzen dienen, wie sie im Rahmen der Kirche nicht vorzufinden sind.

Aber solange die orthodoxe christliche Kirche nur Maximen aus den Schriften selektiv repetiert, wird sie den Wert dieser Handlungen nicht wahrnehmen können. Viele Kirchen hätten keine Existenzbasis mehr, würden sie nicht durch Steuergelder am leeren Leben erhalten werden. Denn nicht Gott oder Dienst am Menschen erhält sie. (Ihre eigentliche Existenzberechtigung scheint die Kirche in unterentwickelten Ländern zu finden.)

Dabei hungern die Menschen überall nach dem lebendigen Christus, und nach Gottesdienern, die sie lieben und ihnen dienen, anstatt auf sie einzupredigen. Begännen die Kirchen damit, wirklichen Menschen und nicht theoretischen Schemen im wahren Dienst der Liebe und Lebendigkeit zu helfen und zu dienen, so wie es Jesus empfahl, sie würden zur Freude der menschlichen Gemeinschaft werden.
Die einfachen Handlungen der spirituellen Reinigung mit Erde, Wasser, Luft und Feuer tendieren dazu, die Mitgliedschaft jeder Kirche zu verdoppeln.

SIEBTES KAPITEL

Anmerkung zur Unsterblichkeit im 20. Jahrhundert

Sehr schnell bewegt sich unsere Zivilisation des ausgehenden 2. Jahrtausends auf ein neues Zeitalter der körperlichen Unsterblichkeit und Transfiguration zu.

Mir stellt sich Unsterblichkeit als die Meisterschaft über unseren Geist, unsere Seele und unseren Körper dar. Und die besagte Umgestaltung erscheint mir als souveräner Sieg über den Tod; ist sie doch die Fähigkeit, den menschlichen Körper bewußt zu materialisieren und zu dematerialisieren, wie es Jesus Christus vor seinen Jüngern bewies, oder Enoch und Melchisidek zu früherer Zeit. - Der Große Unsterbliche Babaji tut dies ständig und während aller geschichtlichen Epochen.

Gott, der Schöpfer, entwarf unsere jetzige Menschheitsphase, damit sie auch eine ruhmreiche Zeit physischer Unsterblichkeit werde. Sanft und allmählich hat unser Vater-Mutter-Gott das himmlische Königreich auf Erden errichtet. Wir müssen nur noch aufwachen - und es betreten! Spirituelle Erleuchtung ist jedoch dazu nötig, und es wird auch einer spirituellen Reinigung bedürfen, bevor wir unsere natürliche menschliche Gottebenbildlichkeit erkennen und wiederfinden.

Der Nachdruck im vorliegenden Buch liegt auf Praktizierbarkeit, nicht auf Theorie. Denn die Basis echten spirituellen Lebens ist nicht doktrinär oder theologisch, sondern spirituell und wissenschaftlich-experimentell. Du kannst es mit deinem eigenen Körper erleben. Natürlich - es gibt einige Geheimnisse! Sogar eine ganze Menge davon, aber sie sind von der angenehmen Art und bringen praktische Ergebnisse, die du den Leuten auch vorzeigen kannst.

So traf ich einen 120 Jahre alten Mann namens Nanteen Baba Maharaj, der wie 45 aussieht. Er lebt in der Gegend von Haldwani, im indischen Staat Uttar Pradesh.
Auch mir selbst sagten kürzlich zahlreiche Menschen, daß ich zehn Jahre jünger aussähe als vor zehn Jahren.-
Man sieht, das Bewußtsein körperlicher Unsterblichkeit und Wandlung

ist sehr fröhlich, und jene spirituellen Übungen, die tatsächlich Resultate erzielen, sind immer angenehm. Das wäre dann auch die Frohe Botschaft der Evangelien!

Erde, Wasser, Feuer, Luft - sie konstellieren das vieraspektige Evangelium des Ewigen Vaters und sind die immerwährenden Vermittler von Gnade.

Die angenehmen, einfachen Praktiken, die in diesem Buch beschrieben sind, sind nicht nur angenehm, sie ließen auch Welt-Erretter und unsterbliche Yogis durch Millionen von Jahren hin entstehen. Die Frohe Botschaft des Ewigen Yoga (Rückbindung und Eingehen ins 'Gesetz Gottes'), wie er uns vom Ewigen Vater geschenkt ward, ist also diese:

Spirituelle Reinigungs-Übungen, die immerwährende menschliche Lebendigkeit hervorrufen, sind angenehm!
Sie sind angenehm, weil sie in Harmonie mit unserer Natur schwingen. Unsere göttliche Menschen-Natur ist geistig-seelisch, d.h. spirituell. Spirituelle Praktiken sind naturgemäß angenehm.

Der Yoga des ewigen Lebens ist nicht schwierig, sondern sehr einfach.

Das erste Prinzip und Ziel des Yoga ist die Wahrnehmung unseres Energiekörpers. Er ist unsere »Aura«, auch »Gefühlskörper« oder »elektromagnetisches Feld«. Er wird wegen seiner Farben auch »Regenbogenkörper« genannt. Dieser menschliche Energiekörper erschafft und erhält den physischen Körper. Von Menschen, die die Gabe dazu haben, kann er gesehen, und er kann photographiert werden (Kirlianfotographie).

Das zweite Prinzip des Yoga wurzelt in der Erfahrung und dem Wissen, daß Erde, Wasser, Feuer und Luft den Verstand samt Gemüt wirkungsvoller reinigen können, als es der Verstand selbst mit sich und dem Gemüt vermag. Die einfachen Reinigungsübungen mit den vier Elementen lassen den Körper gesund und jugendlich werden, denn spirituelle, reinigende Akte heilen immer emotionale und körperliche Disharmonien. Sie gehören zum Geheimnis menschlicher Vollkommenheit und sind das zeitlich nicht terminierte Gnadengeschenk unseres Erschaffers.
Daraus soll nicht gefolgert werden, unser Verstand sei unwichtig. Im

Gegenteil: unser Verstand ist äußerst wichtig, kontrollieren unsere Gedanken doch gänzlich unser Leben! Aber der Verstand wird den Körper automatisch selbstzerstörerisch behandeln, wenn die bewußte Beziehung zu den vier Elementen Erde, Wasser, Feuer und Luft fehlt.

Die Macht und Gnade Gottes werden uns persönlich übermittelt durch die vier Elemente.

Doch wie konnten diese Reinigungs-Praktiken verlorengehen?

Sie sind vergessen worden, weil sie so einfach sind.

Es hat viele Geschichtsabschnitte gegeben, während derer der körperliche Tod geächtet und Unsterblichkeit für Menschen normal war.

Vor ca. 130.000 Jahren leiteten Rama und Sita eine solche Periode ein. Es herrschten über 10.000 Jahre lang Friede und Wohlstand, die Menschenkinder starben nicht. So sagen die Heiligen Schriften. Diese Epoche der Erleuchtung begann wieder zu verfallen, als Rama und Sita gegangen waren. Das Epochenende wurde durch den Mahasamadhi Krishnas, kurz vor Adams und Evas Erscheinen, gekennzeichnet. Die beiden letzteren lebten circa 4000 v. Chr. und mehrere hundert Jahre lang, genauso wie andere frühe Menschen, über die die Bibel berichtet. Und das ist keine Legende. Die Geschichte von Adam und Eva liefert uns ganz symbolisch den Schlüssel zum Geheimnis der physischen Unsterblichkeit.

Jesus Christus legte keinen Nachdruck auf den Atem, aber nur, weil alle Menschen zu seiner Zeit naturgemäßer lebten als heute.
Heutzutage aber ist das bewußte Atmen absolut notwendig, sowohl für die spirituelle Weiterentwicklung als auch für die körperliche Gesundheit. Denn wir leben im Zeitalter von Autos und Büros, und diese Art von Zivilisation ist für uns »tödlich«, da wir unsere Körper nicht mehr benutzen.

Jesus lehrte auch nichts über die Reinigung durch Feuer, da dies zu seiner Zeit Bestandteil der Kultur war. Er und Johannes der Täufer lehrten allerdings die spirituelle Reinigung mit Wasser, denn die war vergessen worden.

Jesus betonte die Meisterung der Eßgewohnheiten - durch Fasten. Die Bibel sagt uns, daß Moses, Elias und Jesus den Tod überwanden und in die Himmel aufstiegen; sie alle fasteten ohne Wasser und Nahrung 40 Tage und Nächte lang. Meisterschaft über die Nahrungsabhängigkeit ist also generell ein Ausdruck körperlicher Unsterblichkeit und verklärender Wandlung.

Sich seines Energiekörpers bewußt zu werden - darin beruht das Geheimnis ewiger Jugend. Erde, Luft, Wasser und Feuer können uns unsterblich wie auch glücklich, jugendlich, vermögend und gesund werden lassen. Praktische Übungen mit den vier Elementen rufen eine Dynamik hervor, die zur Erleuchtung, zu Weltfrieden, zu ökologischem Bewußtsein und zur eigenen Kreativität führen. Denn spirituelle Reinigung lehrt uns nicht lediglich »Zivilisation« oder »Kultur« - sondern auch Einfachheit.

Jesus, Rebirthing und Unsterblichkeit

Die folgenden Verse verdeutlichen, inwiefern Jesus Rebirthing praktizierte, um sich selbst und seine Schüler auf diese Meisterschaft vorzubereiten.

Johannes 7/ 37,38,39: »Aber am letzten Tag des Laubhüttenfestes, der der höchste war, trat Jesus auf und rief: Wen da dürstet, der komme zu mir und trinke!
Wer an mich glaubt, wie die Schrift sagt, von dessen Leib werden Ströme lebendigen Wassers fließen.
Das sagte er aber von dem Geist, den die empfangen sollten, die an ihn glaubten; denn der Heilige Geist war noch nicht da; denn Jesus war noch nicht verherrlicht.«

Jesus verstand es, Energie und Licht zu channeln, die Energie (»lebendiges Wasser«) aus seinem Solar Plexus, seinen Händen, seiner gesamten Aura auf andere übergehen zu lassen.

Hier möchte ich auf eine Passage aus der »Autobiographie eines Yogi« hinweisen:

»Kriya Yoga ist eine einfache, psychophysische Methode, mittels derer das Blut des Menschen entkarbonisiert und dafür mit Sauerstoff angereichert wird. Die zusätzlichen Sauerstoff-Atome werden zu Lebensenergie umgewandelt, die das Gehirn und die Rückenmarkszentren vitalisieren. Indem er das venöse Blut entgiftet, ist der Yogi in der Lage, den Abbau seines Körpergewebes zu reduzieren oder ganz zu verhindern. Der fortgeschrittene Yogi verwandelt seine Körperzellen zu Energie. Elias, Jesus, Kabir und andere Propheten waren Meister der Kriya- oder einer ähnlichen Technik, durch die sie ihre Körper willentlich materialisieren und wieder auflösen konnten.«

ACHTES KAPITEL

Unsterblichkeit und Verklärung in diesem Jahrhundert

Enoch, Elias, Melchisidek und Jesus sind nicht die einzigen, die ihren Körper re- und dematerialisierten. Das geschieht auch in der Gegenwart - wie vermutlich in jedem anderen Jahrhundert.

Annalee Skarin, eine mormonische Hausfrau, ist die bekannteste Unsterbliche in den Vereinigten Staaten. Wie sie in ihrem Buch »Jenseits der Grenze des Todes« sagt, ist »der Tod der traurige Hintereingang zur jenseitigen Welt - der Dienstboten-Eingang. Doch gibt es ein großes, prachtvolles Portal für diejenigen, die ihn überwinden.«

Annalee lernte es 1952, ihren Körper zu re- und dematerialisieren. Die meiste Zeit seit damals hat sie keinen festen Wohnsitz gehabt. 1956 erlernte auch ihr Ehemann Reason diese Kunst. Seither erschienen die beiden vielen Suchenden, und Annalee gab ihr Buchmanuskript an einen Verleger. Ich glaube, daß mich Annalee eines Tages in Campbell Hot Springs besuchte, aber ich war nicht geistesgegenwärtig genug, um mit ihr zu sprechen - und dann war der Zeitpunkt verpaßt. Annalee und Reason haben zwei Töchter: eine, die gar nicht daran interessiert ist, in die Fußstapfen ihrer Eltern zu treten, und eine, die das tun möchte. Ich habe einen Freund, der sie getroffen hat.

Annalees meistbekannte Studentin ist Christine Mercey, die auch ein Buch geschrieben hat mit dem Titel »Die Söhne Gottes«; sie berichtet darin über ihre eigenen Verklärungs-Erfahrungen.

Ein anderer amerikanischer Unsterblicher dieses Jahrhunderts ist **Flori Riggs Großvater**, Sam Riggs, ein Farmer aus Kentucky. Im nachfolgenden Abschnitt erzählt Flori die Geschichte der Dematerialisation seines Großvaters; sie ereignete sich 1937.

Flori sah seinen Großvater Sam mehr als einmal sich dematerialisieren. Sam materialisierte auch Weizenmehl und andere Nahrung für die Familie. Flori berichtete mir auch, daß seine Großmutter Firby die Familie verlassen hatte, um ihren Stamm ein letztes Mal zu besuchen, bevor sie sich Sam im Tal des Todes anschloß.

Flori konnte verstehen, daß Firby ebenso ihren Körper dematerialisierte, nachdem sie dorthin gegangen war.

Flori und seine Frau Sue teilen sich über diese Vorkommnisse ganz offen mit. Du kannst sie auch anschreiben. Sie wohnen in Chula Vista, Californien.

Hier folgen nun die persönlichen Aufzeichnungen Floris:

»Großvater erzählte mir, er wäre in Britisch Kolumbien geboren. Seine Leute ließen sich da nieder, bevor er geboren wurde; sie waren entlang der pazifischen Küste in einem Schiff, das mehr ein langes Boot war, nordwärts gesegelt. Sie, eine Gruppe von 50 Personen, waren von Frankreich nach Panama gekommen, wo sie ihr Boot ausrüsteten und ihre Reise nach Britisch Kolumbien fortsetzten.

Ich erinnere mich, wie Großvater darüber sprach, seine Leute hätten Europa, speziell Frankreich, wegen der Irrlehren des dortigen Klerus verlassen.

In Britisch Kolumbien ließen sie sich als Händler nieder, und binnen kurzem hatten sie dauernde freundschaftliche Beziehungen mit den dortigen Indianern geknüpft.

Großvater wurde 1850 als der siebte Sohn - genauso war es bei seinem Vater, Groß-, Urgroß- und Ururgroßvater schon gewesen: sie waren immer die siebten Söhne - geboren. 1875 hatte Großvater seine Ausbildung und Lehre abgeschlossen und zog nach Oklahoma, wo er das Cherokesen-Mädchen Firby traf, die seine Frau und die Mutter meines Vaters und mehrerer anderer Kinder werden sollte.

Firby und mein Großvater heirateten in Salem, Oregon, und lebten dort etwa ein Jahr; danach zogen sie ostwärts und ließen sich im Südosten Kentuckys im Whitley Distrikt nieder.

Mein Vater wurde 1892 geboren. Im selben Jahr unternahm Großvater einen Ausflug ins Tal des Todes in Kalifornien. Er begab sich auch 1903, 1914, 1919, 1921 und 1928 dorthin. Als wir beide uns 1937 voneinander verabschiedeten, sagte er zu mir, er würde wieder dahin gehen und falls ich ihn je wirklich bräuchte, sollte ich nach ihm rufen, und wir würden wieder vereinigt sein, das heißt, er würde wieder zurückkommen. Daraufhin wandte er sich bloß ab, schritt zwischen zwei Bäumen hindurch und verschwand.

Mir erschien das gar nicht seltsam, da ich ihn während der mehr als fünf Jahre dauernden engen Beziehung viele Dinge habe machen sehen, die von anderen Leuten später als außergewöhnlich empfunden wurden. Großvater und ich waren immer gute Freunde, solange ich mich zurückerinnern kann. Bevor ich vier Jahre alt wurde, pflegte er mich für einige Tage in die Wälder mitzunehmen. Er erklärte mir dann eß- und genießbare Pflanzen, Kräuter, Beeren, Wurzeln von Gräsern unterschiedlicher Art.

Die Eichhörnchen und andere Tiere in den Wäldern waren ganz zutraulich und unbesorgt, wenn Großvater da war. Eines Tages führte er mich zu einer Eiche und sagte mir, ich sollte von ihr ein paar Nüsse für die Eichhörnchen, die uns gefolgt waren, abzupfen. »Aber Großvater«, sagte ich, »eine Eiche hat doch keine Nüsse!« »Geh hin und schau«, gab er zur Antwort. Ich erntete mehr als vier Dutzend Hickory-Nüsse!

Obgleich Großvater und ich uns so nahestanden, und ich mich bei ihm sehr geborgen fühlte, bemerkte ich schon als kleines Kind, daß meine Mutter und meine Brüder vor ihm richtig Angst hatten und selbst mein Vater, sein eigener Sohn, nicht gerne in seiner Nähe weilte. Besonders meine Mutter, die von schottisch-irischer Abstammung war, zeigte ihrem Schwiegervater gegenüber große Vorbehalte.
Meine Eltern wollten sehnlichst so sein wie »jeder andere« und nicht so »komisch« wie mein Großvater. Sie hatten Angst davor, daß die Leute auf seine Andersartigkeit aufmerksam werden würden. Sie glaubten auch an die Armut - und sie hatten davon reichlich!

Aber als die Dinge wirklich schlimm wurden, wie bei so vielen Menschen in der ersten Hälfte der 30ger Jahre, da war meine Mutter schon bereit, das Essen zu akzeptieren, das mein Großvater zu materialisieren sich erbot. Ich erinnere mich auch, daß Großvater die Gabe hatte, gewalttätige Menschenmengen zu besänftigen und zu beruhigen.

Die Jahre nach dem Abschied zwischen Großvater und mir waren für mich voller Erprobungen. Ich war sehr einsam, meine eigene Familie lehnte mich und die Dinge, die ich von meinem Großvater gelernt hatte, ab. Ich sah ein, daß ich auch »verschieden« war, und konnte niemandem mitteilen, was ich sah, wahrnahm oder tun konnte. Das war für einen Neunjährigen nicht leicht, und manchmal war ich nahe am Verzweifeln.

So verbarg ich viele Jahre lang meine Fähigkeiten, um mich so normal und angenehm wie möglich zu machen - sogar während zwanzig Ehejahren mit Sue, meiner Frau. Erst nachdem sie von sich aus ernstlich in spirituelle Konzepte einstieg, fühlte ich mich sicher genug, um mich ihr gegenüber und später, mit ihrem wachsenden Glauben an mich, auch meinen besten Freunden gegenüber zu öffnen.«

Chula Vista, Kalifornien, Sommer 1976

P. S.: »Dezember 1984. Wir - meine Frau Sue, unser Sohn Don und ich - glauben, daß wir die Länge unserer Lebensspanne selbst bestimmen, und daß wir für immer leben, wenn wir die Wahl treffen.

Da dieser Glaube bereits ein integraler Bestandteil unserer Lebensweise war, wiederholten wir begeistert die Affirmationen, die wir auf Leonards allererstem Seminar 1975 in San Diego kennengelernt hatten, mehrere Monate lang und erfuhren, daß dies der wirksamste Weg war, gute und hilfreiche Geister anzuziehen, d. h. andere Unsterbliche.

All das, was mir mein Großvater beigebracht und mitgeteilt hatte, konnte nicht verhindern, daß sich in mir ein Berg negativer Gedanken und Gefühle anhäufte. Das Instrument, mit dem ich mich von diesem massiven Berg befreie und das mein Leben ständig verbessert, ist Rebirthing.«

Diane Hinterman, eine gute Freundin von mir, machte 1977 eine Transfigurations- bzw. eine De- und Rematerialisations-Erfahrung. Sie ist eine der ersten Rebirtherinnen und Trainerinnen. 1977 ging sie mit Sondra Ray, mir und neun anderen nach Indien. Es war unsere erste Reise dorthin, auf der wir nach unsterblichen Yogis suchten. Nur Diane fand einen. Sie wurde vom Ewigen Babaji und zu Ihm in die Fußberge des Himalaya geführt; als sie bei Ihm weilte, dematerialisierte Er ihren Körper für die Dauer von drei Tagen und nahm sie mit auf einen Ausflug durchs Universum.

Gayle Lang: 1979 schrieb sie mir und Danny Shultz einen Brief über ihre Entrückungs-Erfahrung, die zehn Minuten dauerte. Ich füge den Brief für deine Meditation hier ein; er ist schön. Er besitzt all die Elemente, die deine eigene Entrückung erleichtern können. Das angeführte Wesen ist offensichtlich Babaji. Dank Seines großen Sinns für Humor kommt sie zu der Erfahrung, während sie auf der Toilette sitzt.

»Lieber Leonard und lieber Danny, ich würde Euch gerne die Wiedergeburt mitteilen, die ich vor zwei Wochen erlebte. Sie war sehr mächtig, und viele Transformationen scheinen sich seither in meinem Leben zu ereignen.

Es geschah während eines Trainings mit Lucy, an dem ich mit meinem Freund Howard teilnahm. Viel Zeug kam für uns auf, und eines Nachts spät fühlte ich große Furcht, verlassen zu werden. Ich begann, da hindurchzuatmen, und bald war ich mitten in einem Rebirthing, was mich überraschte, da ich gerade einen Tag vorher ein intensives erlebt hatte.

Im ersten Teil des Rebirthing ließ ich eine Menge Furcht und Narkosetrauma los, was sich auf meinen ersten Krankenhausaufenthalt mit 14 Jahren bezog, als mir die Mandeln entfernt wurden. Ich hatte vergessen, wie verstört ich gewesen war, besonders als sie mir die Narkosemaske aufs Gesicht setzten. Ich weiß nicht, ob ich mich da gewehrt hatte, aber ich erinnere mich an ein Gefühl, als ob der Doktor auf meiner Brust säße, um mich niederzudrücken und die Gasmaske aufsetzen zu können. Der Druck auf das Nasenbein war sehr real.

Jedenfalls ging ich durch diese ganze Sache, und es war riesig und ich fühlte mich großartig und beschloß, weiterzuatmen, um es zu besiegeln oder so etwas ... Das ist lustig, weil ich aufspringen und es Howard mitteilen wollte; ich war sehr aufgeregt, aber ein Teil von mir sagte: »Später, atme jetzt weiter ...«

Also ... plötzlich mußte ich auf die Toilette und bat Howard, mir zum Badezimmer zu helfen. Auf dem halben Weg hinunter in die Wohnhalle gaben meine Knie nach, und er mußte mich bis zum Badezimmer stützen. Als wir es fast erreicht hatten, sah ich um mich herum auf einmal eine prachtvolle Lichterschau; ich berichtete ihm darüber und saß dann auf der Toilette und (das erscheint so lachhaft) mitten während des Wasserlassens kam mir zu Bewußtsein, daß ich meine Aura sah.

Ich rief: »Howard, ich sitze auf der Toilette und sehe gerade meine eigene Aura.« Sobald ich das aussprach veränderte sich alles und schwirrte ab. Die Farben dehnten sich aus, bis sie alle verschwanden und alles weißes Licht war, und dann sah ich, wie meine Füße und Beine dasselbe machten - sie dehnten sich aus und desintegrierten. An diesem Punkt wurde der Ablauf etwas verworren. Ich erinnere mich nur an die Ausdehnung etlicher Körperteile und deren Desintegration. Auch an ein Babbeln - wie ein Kommentar. Einmal begannen meine Füße und Beine wieder zu verschwinden, und ich sagte: »Jetzt geh' ich wieder.« Und ich hörte Howards zittrige Stimme: »Jetzt gehst du wieder.«

Und dieses Mal ging ich vollständig. Ich empfand, wie jeder Teil meines Körpers sich ausweitete, bis es keinen Anhaltspunkt eines körperlichen Umrisses mehr gab. Mein Rückgrat trennte sich ab; und mein Verstand machte dasselbe. Schwierig zu beschreiben, wie mir zumute war - es schien, als könnte ich weggehen und nie wiederkommen. Aber ich beschloß, wiederzukommen. Ich bemerkte, daß ich mit meiner Tochter zusammensein wollte, und sobald ich das dachte, fing ich an, zurückzukehren.

Für Howard - das Ganze ist so grandios witzig, ich muß das einfach erwähnen - saß ich die ganze Zeit über auf der Toilette, während ich in Wirklichkeit völlig verschwunden war, um dann wieder aufzutauchen.

Also ... danach durfte ich mich als allerliebstes Netzwerk aus kleinen blauen und weißen Lichtern innerhalb der Umrisse meines Körpers sehen. Ich war soo schön.

Zum selben Zeitpunkt, als ich eine »Gegenwart«, ein Wesen bemerkte, stieß Howard einen erschreckten Laut aus. Ich konnte »Ihn« sehen und

Howard konnte »Ihn« fühlen. Hinten in der Wohnhalle sah ich eine Lichtkonzentration mit einem dunklen Kern. Nach einer Weile nahm das die Form eines Auges an. Ich phantasiere immer Augen und sehe sie im Dunklen, und so überraschte diese Form mich nicht. Es ... Er ... die Gegenwart kommunizierte mit mir in einer Weise, die ich nicht beschreiben kann - es war nicht Telepathie - es war einfach. Es wollte, daß ich zu Ihm und mit Ihm käme; und obwohl ich mich sehr hingezogen fühlte, kam die Furcht auf, ich würde nie zurückkommen. Nach geraumer Zeit mit Rufen und Nicht-Kommen versuchte ich, Howard mitzunehmen. Ich griff nach seiner Hand und bat ihn, auch mitzukommen. Als wir uns Ihm näherten, zog Es sich zurück in mein Zimmer. Wir krochen auf mein Bett, und Es blieb eine Zeitlang bei uns, wobei Es allmählich schwächer wurde. Einmal erfuhr Es Howard als Konzentration reiner Energie.

Später schien aus meinen Handinnenflächen ein bläuliches Licht zu strahlen. Es kitzelte einige Stunden lang. Keiner von uns beiden konnte schlafen, und Howard dachte schon, er wäre verrückt geworden. Ich fühlte mich sicherer, da es mein Körper war.

Eine körperliche Veränderung fiel mir noch auf: die gelben Punkte, die ich in beiden Augen wegen einer alten Lebergeschichte hatte, waren verschwunden. Heute, also zwei Wochen danach, ist einer wieder aufgetaucht. Die Leute bewunderten meine leuchtende Haut, ohne eine Ahnung von der »Wiedergeburt« zu haben.«

Gayle Lang, Quetremont, Quebec, Canada

Wenn du bereit bist, dasselbe auch zu tun und zu erfahren, dann wird dir ein Führer dabei helfen.

Du brauchst keine Angst zu haben - diese Fertigkeit vergrößert nur deine Freiheit. Du kannst immer zurückkommen, um zu dienen. Wie die Geschichte von Gayle illustriert, können dich weltliche Dinge schnurstracks zurückbringen, sogar Hungergefühle und Schlafbedürfnis. Babaji bereitete Diane in wenigen Monaten darauf vor, während der dreitägigen Abwesenheit von der Erde ohne Nahrung und Schlaf auszukommen. Du selbst kannst nur so lange fortbleiben, wie du ohne Gedanken an irgendeine Bindung bist - Freundin oder Freund, Familie, Beruf, Auto, was immer. Du mußt deinen Körper, dein Geburtstrauma, deinen Todestrieb, deinen Haß, deine »Lieben« und all deine psychologischen Probleme aufgeben, eben solange du dematerialisiert bist. Ganz offensichtlich ist die spirituelle Reinigung und die Liebe zu Gott notwendig, um den Tod zu besiegen. Annalee Skarin, Sam Riggs und alle unsterblichen Yogis wuchsen zu dieser Meisterschaft auf. Babaji sagt: »Gemächlichkeit ist Heiligkeit!« Die Meisterschaft ist ganz natürlich, wenn sie erreicht ist.

Dodo Baba. Ein paar unsterbliche Meister besitzen ein feste Wohnadresse. Ich traf Dodo Baba in Vrindaban, Indien. Er ist über 300 Jahre alt und lebt nur während des ersten Jahresquartals in Vrindaban. Er ist gut bekannt. Er lebt in einer Hütte am Fluß, und jeder Tempelpriester aus der Stadt kann dich zu ihm führen. Ich besuchte ihn 1981. Dodo Baba betrachtet sich als »Kind-Yogi«.

Sein beweglicher Lebensstil läßt ihn viermal pro Jahr an andere Orte ziehen. In der Regel kommt er nach Bombay, Vrindaban, Benares und Simla. Als ich ihn nach dem Geheimnis seiner Langlebigkeit fragte, führte er zweierlei an: Erstens, die fortgesetzte Vergegenwärtigung der Präsenz Gottes durch die Wiederholung Seines Namens OM NAMAH SHIVAYA. Und zweitens hielt er sich von Menschen fern - was wohl, so lege ich es aus, von Sterblichen heißt. Als ich ihn traf, lebte er in jener Hütte am Fluß, eine Meile von allen Menschen entfernt. Leute, die seinen darshan (erleuchtete Anwesenheit) erhalten wollen, müssen fünfzig Meter von ihm entfernt sitzen. Fortgeschrittenere Unsterbliche lösen das Problem nicht auf diese Art. Trotzdem ist es keine schlechte Idee. Seine Methode bekräftigt den wertvollen Grundsatz, daß wir die Energie, die andere Leute auf unser Leben ausüben, überwachen müssen.

Bhartaraji. - Er ist 2000 Jahre alt. Selbstverständlich kann er sich willentlich de- und rematerialisieren. Er kann seinen Körper so verwandeln, daß er jünger oder älter aussieht. Ich traf ihn ebenfalls 1981.

Er lebt in seinem Aschram im Dorf Bhartara, Distrikt Alwar in Rajasthan, Indien. Das Dorf ist auf einer guten Landkarte zu finden und zwei bis vier Stunden Autofahrt von Delhi entfernt. So fand ich ihn auch. Bhartarajis Wald wurde in ein Reservat namens »Sariska« umgewandelt - eine populäre Touristenattraktion an der Straße nach Jaipur.

Bhartaraji war einst Herrscher über Großindien. 56 v. Chr. wurde er unsterblich. Er ließ sein Reich hinter sich und wurde ein Yogi im Dschungel. Seine sich über die Jahrhunderte erstreckende Anwesenheit ist gut dokumentiert.

Es gibt noch viele Unsterbliche mehr, von denen ich gehört habe. Einer, der leicht zu finden sein müßte, ist Gopichand; er war vor etwa 2000 Jahren König von Bengalen und ist der Neffe Bhartarajis. Häufig sieht man die beiden auch zusammen. Übrigens gibt Bhartaraji alle ein bis zwei Jahrhunderte eine Demonstration seiner unsterblichen Yogi-Kräfte. Er hat auch in den letzten Jahrhunderten etliche Bücher verfaßt (sie sind in Englisch nicht leicht erhältlich). Eines davon heißt »Bhartrahari Shatkam«.

Babaji. Und nun zur größten Neuigkeit. Babaji schrieb 1985 aus einem Ashram in Nepal einen Brief nach Haidakhan (das ist Babajis eigentlicher »Stammsitz«). Unter anderem führte Er in dem Brief an: »Besitzt man einen Lichtkörper, so kann man den sehr lange behalten; aber es dauert geraume Zeit, ihn zu erbauen.« Er sagte weiter: »Erde, Luft, Wasser und Feuer meines Körpers sterben nie. Ich erbaue jetzt einen neuen Körper daraus, und er wird bald fertig sein.«

Früher hatte Er einmal humorvoll gesagt: »Eine Million und eineinhalb Yogas sind nötig, um einen menschlichen Körper direkt aus Geist aufzubauen, ohne den Umweg über die Geburt.«

Die große Neuigkeit also ist, daß Babaji jetzt einen Leib in Nepal hat, zusätzlich zu dem, der in Haidakhan begraben ist. Einige Seiner Jünger versuchen Ihn in Nepal, aber auch anderswo aufzuspüren. Es ist ein typisches Babaji-Versteckspiel, wie es ähnlich in Yoganandas »Autobiographie eines Yogi« beschrieben wird. 1983 sagte Babaji zu mir, Er habe Seinen gegenwärtigen Körper seit 9060 Jahren.

Sicherlich wirst du nicht enttäuscht sein - in welchem Körper du Ihn auch immer triffst!

Er ist gleichzeitig Alles, wie auch von uns, samt unserer Individualität, verschieden. So wichtig die Individuation für dasMenschsein erscheinen mag, so hemmend ist sie für die spirituelle Höherentwicklung. Wir sind in Wahrheit eins mit Gott, und doch setzen wir unsere individuelle Wahrheit aus freien Stücken ... dagegen. Warum? - Das ist unser Geheimnis!

An dem Punkt, da unser individueller Wille sich von unsrer göttlichen Natur gänzlich gelöst hat, müssen wir sterben und uns einer Erneuerungskur unterziehen. Leben wir aber in Harmonie mit der uns innewohnenden Gottnatur, dann können wir beides, Gott-Selbst wie auch den Tod, kontaktieren, und werden zu Meistern von Leben und Tod. Das ist dann die totale Befreiung unseres Geistes, unserer Seele, unseres Körpers. Der Tod ist zu unserem Diener geworden.

Es mag lange Zeit und viel Übung kosten, einen solchen befreiten Lichtkörper zu bauen, aber offensichtlich ist es das wert und das größte Spiel des Lebens: es ist der absolute Höhepunkt jedes erdenklichen weltlichen oder spirituellen Erfolges.

Auszug aus dem Buch »Bhagwan Shri Haidakhan Wale Baba« von Giridhari Lal Mishra, Seite 50:

Einmal reiste Haidakhan Baba (in Seiner »alten Gestalt«) zusammen mit einem Anhänger und Schüler (Jeevanchand Joshi) nach Badrinath (bekanntes Pilgerzentrum). Unterwegs erkrankte der Schüler an Cholera. Nach einer kurzen, aber heftigen Durchfall- und Erbrechensphase war er nahe daran, zu sterben.

»Babaji, wie immer voller Mitgefühl, sorgte sich sehr um ihn und meinte: »Ich werde meinen Körper anstatt deiner hingeben, da um mich niemand zu trauern braucht.« Sofort klang der Cholera-Anfall bei seinen Schüler ab. Babaji hingegen wurde rasch von derselben Seuche befallen und Er sagte zum ihm: »Wenn ich meinen Körper verlasse, dann übergib die leblose Hülle den Flammen und die Asche dem Gangesfluß.« Kurz darauf verließ Er den Körper. Der Schüler, obwohl kummervoll, tat, wie ihm von Babaji geheißen wurde.

Gleich danach kehrte der Schüler in seine Heimatstadt Almora zurück. Als er bei sich zu Hause anlangte, wurde er darüber unterrichtet, daß Babaji sich seit ein paar Tagen im Haus eines anderen Schülers aufhielt. Zweifellos konnte er an die Wahrheit dieser Aussage nicht glauben: er selbst hatte an Babaji die letzten Riten vollzogen!

Trotzdem hastete er zum Haus jenes anderen Schülers. Und siehe und staune: Babaji in eigener Person saß dort auf Seinem Sitz. - Er traute seinen Augen nicht.

Das ganze Vorkommnis erschütterte den Schüler dermaßen, daß er sechs Monate lang praktisch verrückt war.«

Für uns ist es eine große Sache, durch den physischen Tod zu gehen; auch Christus mußte ihn wie ein Mensch ertragen. Aber Babaji ist absoluter Herr über Leben und Tod, und der Tod ist für Ihn eine Theaterszene, die Er inszeniert, um das Bewußtsein Seiner Schüler und Anhänger zu schärfen und zu erweitern.

Zur selben Zeit verjüngt Er Seinen Körper in irgendeiner Höhle, spielt in einem anderen Körper in Nepal herum, erscheint ausgewählten Menschen in Italien oder Deutschland in wieder einem anderen Körper, und erscheint mir fast täglich in Form eines Vogels, einer Wanze oder eines Menschen. Ab einem gewissen Grad deiner Beziehung zu Ihm weißt du den Unterschied; ab einem weiteren Grad scheint es keinen Unterschied mehr zu geben - Babaji ist überall. In Europa erschien Er mir 1984 in zehn verschiedenen Körpern, einige männlich, einige weiblich.

»ER ist der Schutzengel des Planeten Erde«, wie die Musikgruppe 'Super Tramp' in ihrem Song über Babaji singt. Er verläßt uns nie. Er spielt immerzu mit uns.

Bist du erwachsen - oder Kind genug, um mit IHM zu spielen?

(Denn alt werden wir ganz von selber - das ist kein Verdienst.)

Im Mai 1985 flog ich nach Nepal, um Babaji in Seinem neuen Körper zu besuchen. Er war ein junger Sadhu (Mönch) und sah aus wie 18. Er spiegelte meine Gedanken und Gefühle in vollendeter Weise wieder - so, wie ER es immer getan hat.

Ähnlich wie in der vorigen Geschichte erzählt, fiel ich in eine geistige Verwirrung, die zehn Tage dauerte: Ich konnte so viel LIEBE nicht ertragen! Während dieses Besuches erfuhr ich größeren Segen und größere Veränderungen in meinem Energieleib als je bei früheren Besuchen in Seinem Aschram. Ich verlor jegliches Interesse an der westlichen Welt. Hätte ich nicht eine neugeborene Tochter und eine wunderbare Frau zu Hause gehabt, ich wäre für immer in Nepal geblieben.

NEUNTES KAPITEL

Einfache und praktische Techniken

Könnte die Reinkarnationsidee nicht auch so gedeutet werden:

Wir müssen solange inkarnieren, bis wir aufhören, unseren Körper zu zerstören, und bis wir Techniken praktizieren, die unseren Energiekörper reinigen?

Ich möchte dich zu einfachen und praktischen Techniken einladen, die so wirkungsvoll sind, daß ich dir vorab zu den Dingen, die dabei passieren können, noch einiges erzählen möchte. Unsere Tendenz ist, wenn etwas Unangenehmes aus unserem großen Unbewußten aufsteigt, daß wir es wieder unterdrücken und nicht wahrhaben wollen. Wir können dieses Prinzip der Verdrängung Schatten nennen und du kannst noch so weit davonlaufen, du nimmst den Schatten immer mit; oder du kannst noch so lange arbeiten, er wartet auf dich, auch nach Feierabend... Nicht wir haben den Schatten in der Hand, sondern er uns; und er meldet sich in Form von Mißerfolg, gescheiterten Beziehungen, Krankheiten, und als krönender Abschluß als Sensenmann: Der Tod.

Viele Menschen sind froh, daß es die Befreiung oder die große Reinigung durch den Tod gibt, weil sie glauben, sich durch den Tod von ihrem Schatten, dem großen Feind, befreien zu können. Doch bei den Christen erwartet sie dann das Fegefeuer und bei den Hinduisten beginnt das ganze Spiel durch eine neue Inkarnation wieder von vorne. Der Himmel, das Nirvana, die Erleuchtung sind nicht hier auf Erden und jetzt, sondern tausende von Jahren oder Kilometern weit entfernt. Viele glauben, daß die Technik, die uns ins Paradies führt - für die ganz Mutigen ist es der Himmel auf Erden -, entweder sehr anstrengend sein muß, oder daß sie die richtige Technik noch nicht gefunden haben. Oder daß sie es noch nicht wert sind, in Frieden mit sich und der Umwelt zu leben. Wer kennt nicht die Argumente der Ängstlichen wie: »Wenn jeder so denken und handeln würde?« Auf jeden Fall wissen wir, daß das alles nicht so einfach ist, denn sonst würde es ja schließlich jeder machen und dann hätten wir den Himmel auf Erden.

Vielleicht ist dies ebenfalls wieder ein Trick unseres Verstandes, um unseren Schatten nicht anschauen zu müssen?

Bietet unser Alltag nicht genügend Informationen über uns, und wie wir mit unserem Schatten umgehen?

Wenn uns die Selbstbetrachtung am Anfang zu schwierig ist, dann empfiehlt es sich, die Nachrichten anzusehen oder den Nachbarn zu analysieren. Sie zeigen uns, wie die anderen mit ihrem Schatten umgehen und in der Außenwelt manifestieren. Krieg, Betrug, Mord, Entführung, ja selbst unser lebendiger Erdball beginnt sich durch Naturkatastrophen zu wehren, und der Porsche bietet auch nicht mehr die absolute Sicherheit in Beziehungen.

Oder glaubst du, daß die Idee der Physischen Unsterblichkeit nur die Angst vor dem Tod verdrängen soll?

Meine eigene Geschichte:

Ich war zehn Jahre Atheist, das heißt, ich habe nicht Gott abgelehnt (denn dadurch hätte ich ja sein Vorhandensein legitimiert), sondern seine Existenz. Und in dieser Zeit starben meine erste Frau und 2 Jahre später mein einziger Bruder durch einen Autounfall. Ich kann mich noch an die Beerdigung meiner Frau erinnern. Ich empfand so etwas wie Mitleid für viele der Trauergäste, da sie sich meiner Meinung nach in die Religion flüchteten, um den Schmerz und ihren eigenen Tod nicht annehmen zu müssen. Ich dachte, daß ich irgendwie »ein Stück über dem Berg bin«, wenn ich nicht aus der Not heraus an Gott glaube. Ich hatte weder auf die Frage, warum dieser Autounfall passierte, eine Antwort noch auf die Frage, wohin sie gegangen ist, außer daß sie tot ist und nicht mehr unter uns »verweilt«.
Dadurch, daß kein Gott da war, der mir den Verlustschmerz abnahm, und ich in meiner Erziehung nicht gelernt hatte, Schmerzen und Wunden wirklich zu heilen, begann ich zu trinken und die Flucht nach vorne anzu-

treten. Doch der Druck wurde nach einem Jahr zu groß, und ich erkannte, daß ich die Wunden heilen muß, wenn ich am Leben bleiben will. Und so begann meine sechsjährige Therapie. Durch »Zufall« kam ich mit dem Tibetischen Buddhismus in Berührung. Ich lernte viel durch Unterweisungen und praktische Meditationen von und mit tibetischen Lamas (Lamas sind tibetische Mönche) über Entstehung von Leid, Anhaftung, und über den Tod. Der Tod bekam für mich eine ganz neue Dimension. Ich besuchte Seminare, die buddhistische Sterbebegleitung und das tibetanische Totenbuch zum Inhalt hatten, und meditierte viel über die Vergänglichkeit und den Tod. Ich erkannte, wie die Angst vor dem Tod unser gegenwärtiges Leben dadurch beeinflußt, daß wir nicht lernen los-zu-lassen von festen Anschauungen. Sondern daß wir uns selbst, unsere Beziehungen und andere Menschen als etwas statisches und nicht dynamisches sehen und erleben.
Bei vielen Menschen habe ich den Eindruck, daß sie ihr eigenes Leben nicht leben, feiern, sondern in ihrem Leben mehr verweilen, ausharren - bis daß der Tod sie scheidet.

1984 wurde ich zum Rebirther ausgebildet und kam zum erstenmal mit der Idee der Physischen Unsterblichkeit in Berührung. Anfangs hielt ich diese Theorie lediglich für Unsinn und für eine andere Form der Angst vor der eigenen Vergänglichkeit und für eine Verdrängung der Angst vor dem Tod.
Doch da das Thema »Tod« in meinem Leben schließlich ein zentrales Thema war, wollte ich es genau wissen. Ich kam erneut mit viel Ohnmacht und Angst in Berührung, ähnlich wie ich sie hatte, als ich einmal nachts auf einem Friedhof über den Tod meditierte. Ich begann zu verstehen, daß die Angst vor dem Tod die Kehrseite der Sehnsucht nach dem Tod ist. Wenn ich mich jetzt entscheide, für immer leben zu wollen, dann muß ich j e t z t mein Leben so verändern, daß es wirklich stimmt, ohne Kompromisse und ohne Wenns und Abers, und nicht erst in 500 Jahren.

Es begann eine Zeit intensiver Veränderungen in meinem Leben, da ich wieder einmal alles in Frage stellte, angefangen vom Beruf, Beziehungen, Freundschaften, Religion usf.

Bis jetzt hatte ich den Tod als Opfer erlebt. Es war, als wurde mir meine erste Frau aus dem Herzen gerissen, obwohl wir doch nichts anders wollten, als zusammen ein glückliches Leben zu verbringen.

Die Angst vor dem Tod zu meistern, ist ein hundertprozentiges Ja zur Vergänglichkeit und ein hundertprozentiges Ja zum Leben. Dazu die Idee der physischen Unsterblichkeit zu akzeptieren, ist zu erkennen, daß wir göttlich sind und 100% verantwortlich für unser Leben.

Möge jedes Wesen frei sein von Leid und den Ursachen davon.

Der Schlüssel für ein ewiges Leben besteht aus der Philosophie der physischen Unsterblichkeit (wie im Kapitel 1-7 beschrieben), einer Psychologie (das Auflösen des Todeswunsches; siehe das Buch »Geboren für die Ewigkeit« von Leonard Orr und Konrad Halbig) und einer Physiologie, das heißt einer Technik. Die Wirkung der Technik läßt sich in einer Gleichung ausdrücken:

Physische Unsterblichkeit =

$$\frac{\text{tägliche Reinigung von den Fremdenergien} + \text{»X«}}{\text{Lebensfreude}}$$

Das heißt, wir bleiben am Leben, wenn wir uns täglich reinigen: von den aufgenommenen Fremdenergien unserer Beziehungspartner, unsere Arbeitskollegen, von den Verstrahlungen durch Computer, Umweltgiften in Büro, Wohnung und Nahrung usf., plus »X« und teilen oder verbinden es mit Lebensfreude.
Das »X« steht für alle Verletzungen und Traumatas aus der Vergangenheit, die in unserer Kindheit, durch die Geburt und aus früheren Leben entstanden sind. Unser Bewußtsein hat sich bereits in den letzten Jahrzehnten dahin entwickelt, daß wir beginnen, unsere Wunden und Traumatas aus der Vergangenheit zu heilen. Doch selten noch entwickeln wir das Bewußtsein, uns von den täglichen oben besprochenen Fremdenergien, die wir aufnehmen, zu reinigen. Therapien wären viel erfolgreicher, wenn das Reinigen von Fremdenergien praktiziert würde.

Die nun folgenden spirituellen Reinigungsrituale sind freudvolle Techniken, und ich möchte dir die »Schnell-Reinigung« (die schnelle Reinigung für den Alltag), die »Maha-Reinigung« (Maha heißt die große und gründliche Reinigung, z.B. für den Urlaub oder für das Wochenende) und Rebirthing vorstellen.

Die Schnell-Reinigung

Die Schnell-Reinigung ist für alle gedacht, die in diesem schnellen Jahrhundert wenig Zeit haben.

1. Schritt: Begrüßung des Tages

Heiße diesen Tag willkommen. Er ist einmalig, ein Geschenk. Beginne ihn mit einer Affirmation. Lasse diese Affirmation zu deiner Tagesaffirmation werden. Dies ist sehr kraftvoll. Lies sie dir langsam nach dem Erwachen vor und lasse sie auf dich wirken. Beobachte deine Reaktion, deine Gedanken, Gefühle und Körpersensationen.

Ich schlage dir hier einige Affirmationen vor, doch sei kreativ und erfinde deine eigenen.

- Ich lebe jetzt. Deshalb sind meine Lebenstriebe stärker als mein Todestrieb. Solange ich weiter meine Lebenstriebe stärke und meinen Todestrieb schwäche, werde ich zunehmend gesund und jugendlich leben.

- Leben ist ewig. Da ich Leben bin, bin ich ewig. Mein Verstand - die denkende Qualität des Lebens - ist ewig; mein Körper - die materielle und energetische Qualität des Lebens - ist ewig. Deshalb strebt mein lebendiger Körper mit seiner inneren, natürlichen Kraft danach, ewig zu leben und zu überdauern.

- Solange Geist, Seele und Körper in mir vereint sind, verwirkliche ich Wahrheit.

- Ich bin solange unsterblich, bis ich das Gegenteil beweise. Du bist unsterblich, bis du das Gegenteil beweist. Die anderen sind unsterblich, bis sie das Gegenteil beweisen.

- Der Tod kommt vielleicht nie - die Unsterblichkeit aber ist bereits präsent.

- Der Zweck des physischen Universums ist es, meinen Körper mit Komfort, Vergnügen, Gesundheit und Jugendlichkeit zu unterstützen. Ich habe ein Recht darauf, mein Fleisch und Blut solange zu behalten, wie das Weltall besteht und solange ich will.

- Fünfhundert Jahre lang Eis zu essen sind Grund genug, diesen Körper nicht zu zerstören.

- Ich fürchte nicht mehr den Verlust meiner Mutter. Meine Mutter ist die göttliche Energie, die meinen Verstand mit guten Einfällen versorgt und meinen Körper mit den Tröstungen und Freuden, wie sie von Erde, Wasser, Feuer, Luft und den lebendigen Zellen in mir bereitgestellt werden.

- Ich bin erfüllt von unbegrenztem Sein, unbegrenzter Intelligenz, und eingetaucht in eine unbegrenzte Vielfalt der Formen.

- Ich fürchte nicht mehr den Verlust meines Vaters. Ewiges Protoplasma ist der Vater meines Körpers. Ewiges Protoplasma ist so alt und so jung wie die menschliche Rasse. Meine Gedanken und Vorstellungen bestimmen das Alter meines Protoplasmas; ich habe die bewußte Wahl, und somit kann ich meine früheren Einstellungen wandeln. Ich werde jetzt jünger!

- Ich vertraue auf meine Sympathie und Liebe für die Menschen, selbst wenn sie ärgerlich sind.

- Jeder fühlt sich in meiner Gegenwart sicher und wohl, und ich empfinde für jeden Liebe und empfange von jedem Liebe.

- Es ist gut und richtig für mich, mit vertrauten Menschen meine Ängste zu bereden.

- Ich fürchte meinen eigenen Ärger oder den anderer Leute nicht, weil hinter ihm immer Liebe schwingt. Ich weiß zu jeder Zeit, was ich zu tun habe.

- Ich entlasse mich aus der Vergangenheit und der Zukunft. Ich bin im Jetzt und sage ja zu mir und zu anderen.

- Ich genieße diesen heutigen Tag.

- Ich sehe die Menschen mit liebenden Augen an. Ich weiß, daß Liebe heilt und eine Umgebung schafft, in der ich mich und andere sich wohlfühlen.

- Ich bin vollendete Gegenwart, weil ich mit ganzer Liebe bei dem bin, was ich tue.

- Ich schöpfe aus der grenzenlosen Quelle, die in meinem Inneren liegt.

- Ich sage JA zu mir und zu meinem Optimismus. Ich bin ein Optimist und erwarte immer das Beste. Ich bin ein Optimist und finde immer das Beste. Ich bin ein Optimist und erschaffe immer das Beste.

- Ich bin die Quelle allen Wissens.

- Heilung findet durch Liebe in mir statt.

- Meine Bestimmung ist es, mich in meiner Einzigartigkeit zu zeigen und zu offenbaren.

- OM NAMAHA SHIVAYA: Gott ist das höchste, ewige Selbst in allem! Meine Zellen, meine Gliedmaßen, meine Organe, Erde, Wasser, Feuer und Luft meines Körpers - alles ist erfüllt mit dem EWIGEN SELBST.

2. Schritt: Die tägliche Morgendusche

Nimm bewußt Kontakt zu dem Element Wasser auf. Erlebe, wie sich dein Kontakt zum Element Wasser im Laufe der Zeit ändert. Dusche dich solange, bis sich dein Energiekörper gereinigt und stabilisiert hat. Es kann sein, daß das Duschen nur eine Minute dauert, aber es kann auch sein, daß du mehr Zeit dazu benötigst. Laß dir Zeit mit dieser Übung und zunehmend wirst du dir mehr deines Energiekörpers bewußt und wirst spüren, wann er gereinigt und stabilisiert ist. Am Schluß läßt du die Wassertemperatur mindestens kälter wie deine Körpertemperatur werden, das heißt unter 37 Grad Celsius. Mache es so kalt, daß es dich erfrischt. Dies schließt und stabilisiert deine Chakren.

3. Schritt: Der tägliche Spaziergang und die täglichen Zwanzig Verbundenen Atemzüge.

Gehe nach dem Duschen und vor dem Frühstück ein bißchen spazieren. Der Grund ist, nicht nur, weil es eine aktive Meditation ist, sondern es öffnet den Pranakreislauf. Es reichen fünf oder zehn Minuten. Selbst wenn du in der Stadt wohnst, gehe dann einmal oder zweimal um den Häuserblock.

Und mache dabei einmal die Zwanzig Verbundenen Atemzüge.

Die Zwanzig verbundenen Atemzüge

Diese Übung dauert nur dreißig Sekunden, und man kann sie immer und überall machen. Diese dreißig Sekunden bewußter Atmung bringen neue Lebensenergie in Geist und Körper. Es handelt sich um vier mal fünf Atemzüge:

1. Vier kurze Atemzüge.
2. Nach den vier kurzen Atemzügen einen ganz langen.
3. Atme durch die Nase ein und aus.
4. Vier kurze und einen langen Atemzug, viermal hintereinander, ohne anzuhalten.

Ich werde es dir erklären, aber versuche die Übung erst, bevor du weiterliest.

Ein- und Ausatmen geschehen in einem ununterbrochenen Kreis. Ein- und Ausatmen sind in einem Atemzug hintereinander verbunden. Alle zwanzig Atemzüge sollten auf diese Weise verbunden sein, so daß es sich um eine zusammenhängende Serie von Atemzügen handelt.
Die kurzen Atemzüge betonen die Verbindung und das Verschmelzen des Ein- und Ausatmens in ungebrochenen Kreisen. Während der langen Atemzüge füllst du dich so weit auf, wie du kannst, und läßt beim Ausatmen völlig los.

Bevor du weiterliest, mache fünf verbundene Atemzüge, vier kurze und einen langen.

Fünf verbundene Atemzüge sind wie ein einziger Atem.

1. Das Tempo stimmt, wenn du weder drängst noch zurückhältst.
2. Dein Atem sollte frei fließen. Zwinge ihn nicht, kontrolliere ihn nicht.
3. Bleibe in einem gleichmäßigen Rhythmus.
4. Wenn du richtig atmest, fühlst du mit der Luft auch Energie in deinen Körper dringen.

Dies nennen wir bewußte Energieatmung. Es ist möglich, den Energiefluß zu bremsen, während man Luft einatmet. Und ebenso ist es möglich, die Luftzufuhr einzudämmen, während man Energie einatmet.
Es mag sein, daß du die Energie des Atems bereits beim ersten Mal spürst. Du wirst merken, daß dein vierter langer Atemzug voller und größer ist als dein erster langer Atemzug.

Mache diese einfache Übung täglich, wenn du jemand bist, der gerne lebt. Diese Übung ist völlig harmlos. Sie ist gut für deine Gesundheit. Wenn du vorhast weiterzuleben, wirst du auch weiter atmen müssen. Ist dir aufgefallen, wie angenehm diese Übung war? Wenn du jeden Tag übst, wird dein ganzes Leben angenehmer sein.

Spürtest du irgend etwas im Körper?
Einigen Menschen wird schwindlig, oder ihre Hände, ihr Magen und

andere Körperteile kribbeln. Menschen, die falsche Atemgewohnheiten haben, werden seltsame und ungewöhnliche Dinge spüren, wenn sie richtig atmen.

Wenn du diese Übung der »Zwanzig verbundenen Atemzüge« regelmäßig machst, fühlst du möglicherweise jedesmal etwas anderes. Das bedeutet, daß du lernst und daß du Nutzen daraus ziehst.
Ich rate dir, diese Übung in der ersten Woche nur einmal täglich durchzuführen. Wenn du zuvor nicht richtig geatmet hast, so ist dein Körper möglicherweise nach Sauerstoff ausgehungert. Einmal am Tag reicht dann.
Und noch etwas, was du wissen solltest:

- Atmen ist völlig harmlos, aber dein Geist ist es nicht.

- Alles, was du beim Atmen spürst, wird verschwinden, wenn du weiteratmest.

- Atmen entspannt.

- Entspannung löst Anspannung.

- Anspannung verursacht Sinneseindrücke.

- Weder der Atem noch die Entspannung erwecken Sinneseindrücke. Diese werden durch angesammelte Anspannungen und Verunreinigungen des Geistes und Körpers hervorgerufen. Atme weiter, und du wirst keine Spannungen oder Sinneseindrücke mehr haben. Du wirst ruhig und in Frieden sein.

- Bei jedem Ein- und jedem Ausatmen entspannst du dich unwillkürlich.

- Atmen ist völlig sicher und lebensspendend.

- Wenn du dich zu sehr entspannst, weil du zu lange atmest, wirst du vielleicht Dinge spüren, die dich erschrecken.

- Deshalb empfehle ich dir, in den ersten sieben Tagen nur einmal die »Zwanzig verbundenen Atemzüge« zu machen.

- Die Empfehlung ist dazu da, damit du nicht gleich zuviel spürst und davor erschrickst.

- Atmen ist sehr einfach und sehr machtvoll.

- Eile nicht.
Wenn du auch nur einmal am Tag ein Jahr lang die »Zwanzig verbundenen Atemzüge« machst, wirst du in diesem einen Jahr ein ungeheueres Atembewußtsein entwickeln.
Du wirst viel mehr atmen als im letzten Jahr. Diese »Zwanzig verbundenen Atemzüge«, täglich durchgeführt, werden dich in einem Jahr mehr über das Atembewußtsein lehren, als du in deinem ganzen Leben bisher gelernt hast.

4. Schritt: Dein Tag

Dies ist dein Tag, feiere ihn. Genieße dein Frühstück. Sei achtsam in deiner Arbeit, sei im Augenblick. Ziel ist es, daß du in deiner Mitte, in deiner Energie bleibst. Nicht jeder Arbeitskollege ist ein Vampir und saugt an deiner Energie, weil er zum Beispiel selbst zu wenig atmet oder weil er nach Liebe, Geld, Anerkennung... hungert.

Woody Allen beschreibt das Vampirverhalten sehr nett in seinen Film »Der Stadtneurotiker«. Er ist bei einem Psychologen und sagt ihm, daß sein Bruder glaubt, daß er ein Huhn sei. Der Psychologe antwortet darauf, das sei kein Problem, er solle seinen Bruder nur zu ihm schicken, er könne ihm helfen. Woody Allen antwortet darauf, daß er es nicht tun könne, denn schließlich brauche er die Eier.

5. Schritt: Die tägliche Abenddusche

Nach deiner Arbeit dusche dich wieder. Dusche dich solange, bis dein Energiekörper von den Fremdenergien des Arbeitstages gereinigt ist. Sei offen für die Freizeit wie Familie, Kinder, Hobbys usf.

6. Schritt: Abschluß des Tages

Gehe rückwirkend den ganzen Tag nochmals durch, durchkämme ihn nach noch offenen, nicht erledigten Angelegenheiten. Beschließe, wann du sie erledigen willst und laß dann los.

7. Schritt: Das wöchentliche Treffen am Feuer

Triff dich einmal in der Woche mit unsterblichen Freunden. Tausche deine Erfahrungen mit anderen aus. Unterstützt euch gegenseitig. Macht gemeinsam einmal in der Woche ein Feuer. Das Feuer ist heilig und reinigt eueren Energiekörper. Ihr könnt zu Beginn einfach eine halbe Stunde in der Stille meditieren und eueren Atem beobachten.

Die Maha-Reinigung

Wirklich konsequent und bewußt praktiziert habe ich die Maha-Reinigung erst 1992, als ich 6 Wochen mit Leonard Orr unterwegs war. Wir machten eine Deutschland-Tournee, um unsere Bücher »Bewußtes Atmen« und »Geboren für die Ewigkeit« vorzustellen und um Rebirthing-Wochenendseminare zu halten. Ich kann nur sagen, jeder, der diese Maha-Reinigung konsequent durchführt, wird erleben, wie leicht der Schatten ans Licht, ins Bewußtsein will, um geheilt zu werden. Wenn wir das richtige Verständnis für die »Krise« haben und Techniken wie Rebirthing oder Reinigung mit den Elementen praktizieren, besitzen wir ein »schnelles Fahrzeug« oder eine schnelle Technik, um uns selbst zu heilen. Alice Bailey spricht davon, daß der bewußte Mensch sich seine Krisen bewußt setzt. Was soviel heißen soll, als daß er nicht mehr das Opfer seiner unbewußten Konflikte und Energien ist. Und es ist die effektivste Art, uns und diesen Planeten zu retten und zu heilen, wenn wir bei uns selbst beginnen. Wenn wir unseren eigenen Schatten, unsere eigene Todessehnsucht, unsere eigene Destruktivität, unsere eigenen Traumatas, unsere eigenen Verletzungen ans Licht oder ins Bewußtsein bringen und nicht mehr im Außen als Opfer manifestieren. Wenn wir uns heilen und zu dem werden, der wir auch sein können: göttliche Wesen.

1. Schritt: Begrüßung des Tages

(Siehe 1. Schritt Schnell-Reinigung).

2. Schritt: Das Reinigen der grobstofflichen und feinstofflichen Atemwege

Diese Übung dient der Belebung und Reinigung deiner physischen und feinstofflichen Atemwege.

Sie besteht aus drei Teilen und es ist empfehlenswert, sie jeden Tag nach dem Aufstehen zu machen, am besten nach dem Zähneputzen und vor dem Baden.

a) Neti-Reinigung

Für diese Übung gibt es eigens einen kleinen Behälter mit einem Schnabel, den du dir in jedem guten Yogazentrum kaufen kannst. Fülle es mit leicht gesalzenem Wasser, verwende dafür ein nicht behandeltes Meersalz.
Beuge deinen Kopf nach links, gieße die Hälfte des Wasser in dein rechtes Nasenloch und laß es aus dem linken wieder herauslaufen. Falls deinen Nase verstopft ist, laß das Wasser von der Nase in den Mund laufen und spucke es aus.
Blase nun das restliche Wasser aus beiden Nasenlöchern einzeln heraus.
Drehe deinen Kopf jetzt nach rechts und gieße die andere Hälfte in dein linkes Nasenloch und laß es aus dem rechten Nasenloch herauslaufen. Blase wieder das restliche Wasser aus beiden Nasenlöchern.

Die beiden Nasenhöhlen sind intime Bereiche und es kann sein, daß du etwas Überwindung brauchst, um diese Übung zu machen.

b) Wechselatmung

Setze dich mit verschränkten Beinen auf den Boden oder aufrecht auf einen Stuhl. Die Finger deiner rechten Hand umschließen den Daumen, nur der Zeigefinger ist ausgestreckt. Lege deine linke Hand auf das Knie und verschließe mit dem Zeigefinger deiner rechten Hand das rechte Nasenloch. Atme sanft und ganz tief durch das linke Nasenloch ein. Soviel Luft wie möglich - bis in die Lungenspitzen. Stell dir vor, daß dieser Atem jede Zelle deines Körpers erfüllt. Halte den Atem solange an wie es sich gut anfühlt und atme dann durch des rechte Nasenloch wieder aus, indem du mit deinem Zeigefinger das linke Nasenloch verschließt.

Wiederhole dies dreimal.

Nun mache das gleiche indem du mit dem anderen Nasenloch einatmest und wiederhole dies ebenfalls dreimal.

c) Die Zwanzig Verbundenen Atemzüge

Mache jetzt die Zwanzig verbundenen Atemzüge. Siehe Schnell-Reinigung, 3. Schritt.

Bleibe noch eine Weile ruhig sitzen, entspann dich und achte auf die Empfindungen in deinem Körper.

3. Schritt: Das tägliche Morgenbad

Am besten ist, wenn du dich vor Sonnenaufgang in dein tägliches Morgenbad legst. Der Grund ist, daß vor Sonnenaufgang eine andere Energie vorhanden ist. Doch sollte diese Umstellung wachsen, und mache dir keine Vorwürfe, wenn du den Sonnenaufgang verschlafen hast. Gib keine chemischen Badezusätze in das Wasser, sondern verwende zum Beispiel Ätherische Öle mit einem Emulgator (Honig oder Milch); noch besser ist, wenn du ein Öldispersionsgerät dazu verwendest. Bleibe solange im Wasser, wie es dir angenehm ist und vielleicht ein bißchen mehr. Hier gibt es keine Regel, denn die Grenzen sind individuell und ich kann nur sagen, daß ich zum Teil bis zu zwei Stunden in der Wanne bleibe.

4. Schritt: Der tägliche Spaziergang

Siehe Schnell-Reinigung, 3. Schritt
Gönne dir nach dem Spaziergang ein herrliches Frühstück.

5. Schritt: Das heilige Feuer

Mache alleine oder mit deiner Familie ein Feuer von ca. ein bis zwei Stunden. Meditiere am Anfang und beobachte deinem Atem. Alleine am Feuer zu sitzen, hat eine andere Energie als mit einer Gruppe von Menschen.

6. Schritt: Dein Tag
Siehe Schnell-Reinigung, 4. Schritt

7. Schritt: Die tägliche Abenddusche
Siehe Schnell-Reinigung, 5. Schritt

8. Schritt: Abschluß des Tages
Siehe Schnell-Reinigung, 6. Schritt

9. Schritt: Das wöchentliche Treffen
Siehe Schnell-Reinigung, 7. Schritt

Rebirthing

Rebirthing wurde von Leonard Orr Anfang der 70er Jahre in Kalifornien entwickelt, als er nach einer Methode suchte, um sein eigenes Geburtstrauma aufzulösen und ungewollte Verhaltens- und Denkmuster umzuwandeln. Er experimentierte viele Jahre an sich selbst, bis er schließlich Rebirthing lehrte und Rebirthing-Lehrer ausbildete.

Rebirthing ist:

1. Zu lernen, Energie genauso wie Luft zu atmen.

2. Die ständige Wiederholung von Wiedergeburt und Tod aufzulösen, Seele und Körper zu verbinden, um das göttliche Selbst zu sein.

Die Theorie von Rebirthing:

Rebirthing ist eine sanfte Methode der Selbstheilung, um tief verwurzelte Denk- und Verhaltensmuster aufzulösen, und es wirkt auf mehreren Ebenen:

1. Auf der körperlichen Ebene, indem wir lernen, auf die Signale unseres Körpers zu achten, und ihn ausreichend mit Energie zu versorgen. 70 % unserer körperlichen Entgiftung geschieht über die Atmung.

2. Auf der emotionalen Ebene, indem wir verschiedene Techniken praktizieren, um Traumatas aufzulösen, statt in den »Schattenbereich« zu verdrängen.

3. Auf der geistigen Ebene, indem wir bewußt die Kraft der Gedanken in unser Leben integrieren, negative Programme und Botschaften aufdecken und lernen, konstruktiv unser Leben zu gestalten.

Eine Rebirthing-Sitzung heißt erst mal nichts anderes als Ein- und Ausatmung miteinander zu verbinden. Es geht darum, wieder zu erlernen, wie man mit Luft gleichermaßen Energie atmen kann, genau wie es kleine Kinder unbewußt tun. Die meisten Menschen können das Energie-Atmen in etwa 10 Sitzungen erlernen. Doch das eigentliche Ziel, die Auflösung des Wiedergeburts- /Todes-Zyklus ist eher eine Lebensaufgabe. Das bedeutet persönliche Befreiung und Heilung vom Geburtstrauma, Mißbilligung der Eltern, alten Mustern und der Todessehnsucht.

Mit Hilfe der Elemente können wir unseren Energiekörper reinigen und in diesem Sinn durch Rebirthing Meisterschaft über Geist und Körper erlangen.

Element Luft
Reinigung mit dem Element Luft bedeutet so zu atmen, daß die göttliche Energie durch unseren Körper fließen kann und wir von dieser Energie getragen werden. Es bedeutet durch Atmen negative Energien aufzulösen, und somit unseren Energiekörper zu reinigen.

Element Feuer
Reinigung mit dem Element Feuer bedeutet, an einem offenen Feuer zu sitzen, zu meditieren, oder einfach den Flammen zuzuschauen und Prana, Ki, Od oder die Lebenskraft frei durch uns fließen zu lassen. Das Feuer reinigt unsere Aura.

Element Wasser
Wenn wir im Wasser baden, reinigen wir nicht nur unseren physischen Körper, sondern auch unseren Energiekörper. Atemübungen im Wasser sind sehr effektiv und man kann Rebirthing sowohl im eiskalten wie auch im warmen Wasser machen.

Element Erde
Reinigung mit dem Element Erde bedeutet körperliche Bewegung, Nahrung und Arbeit. Durch einen kleinen Spaziergang täglich, und einen Obsttag in der Woche kann sich unser Leben stabilisieren. Und durch eine bewußt gestaltete Arbeit wird unser Leben einfacher und zufriedener.

Element Akasha, heilige Worte und Gedanken
Im Rebirthing lernen wir Worte und Gedanken bewußt zu verwenden, um unser Lebensmuster zu erkennen und durch Affirmationen und Meditation zu verändern.

Wir machen auch Mantra Yoga und meditieren über den Namen von Gott. Jeder Name von Gott ist wunderbar. Viele Rebirther verwenden das Mantra OM NAMAHA SHIVAYA, was soviel heißt wie: Herr, Dein Wille geschehe.

»Der, welcher wandelt diese Straße voll Beschwerden, wird rein durch Feuer, Wasser, Luft und Erden.«

Mozart, Zauberflöte

In der Mystik und in den Naturreligionen spielen die Elemente eine ganz entscheidende Rolle. So zum Beispiel bei den Essenern, sie sprechen vom Engel der Luft und vom Engel des Wassers. Sie verehrten die Elemente als göttliche Wesen bzw. göttliche Energien und konnten sich und andere von Krankheit heilen.
Die praktische Reinigung mit den Elementen ist Gottesdienst, weil wir die göttliche Energie direkt durch die Elemente erfahren und wir uns mit ihr vereinen können.

Im Rebirthing beginnen wir mit dem Element Luft (»und Gott hauchte dem Menschen den Oden ein«), indem wir lernen, ähnlich wie Babys weich und sanft, jedoch ohne Unterbrechung zu atmen. Bei dieser Atmung erfahren wir, daß wir voller Frieden sein können. Es können aber auch alte, unbewußte Verletzungen aus der Vergangenheit (bis zur Geburt oder darüber hinaus) an die Oberfläche kommen. Durch die Bewußtwerdung werden diese Verletzungen nicht mehr in den Schattenbereich gedrängt, der Mensch erlebt sich nicht mehr als Opfer, sondern lernt Schritt für Schritt wie man diese Energien konstruktiv für sein Leben nutzt. Bei Warmwasser-Rebirthing erleben wir das Element Wasser in Verbindung mit Luft als einen sehr vertrauten Ort voller Geborgenheit, ähnlich wie den Mutterleib.

Dagegen begegnen wir bei Kaltwasser-Rebirthing unserem Todestrieb in der Form von: »Kann ich nicht«, »ich will nicht mehr«, »eigentlich wollte ich noch nie«, »ich habe Angst vor...«
Wir erleben, wie diese Programme bis jetzt unseren Alltag, unsere Beziehungen zu anderen Menschen und unseren Beruf bestimmt haben.

»Weil sowohl die äußeren wie die inneren Energien aus dem gleichen Atem stammen, wird sich mit der Veränderung unserer inneren Welt unsere Beziehung zur äußeren Welt wandeln, und das Universum wird zu einem angenehmeren Lebensraum werden. Bist du dir deines Atems bewußt, wird dein ganzes Leben ausgeglichen sein. Es ist so, als ob die äußere Welt der Objekte und unsere innere Welt der Sinneswahrnehmungen - unser Bewußtsein - miteinander verschmelzen. Wir tragen die Welt, und die Welt trägt uns und unsere Sinne.«

Tarthang Tulku

Zum Abschluß möchte ich dir eine kleine Atemübung bzw. eine kleine Atemmeditation vorschlagen.

Mache es dir bequem und lege dich entweder auf den Boden oder setze dich aufrecht auf einen Stuhl.

Beobachte deinen Ein-Atem.
Beobachte deinen Aus-Atem.
Hältst du deinen Atem fest?
Ist deine Atmung schwierig oder ist sie leicht?
Atmest du voll ein?
Läßt du deinen Ausatem geschehen?
Fühlt es sich gut an zu atmen?
Ist deine Atmung verbunden?
Atmest du in den Bauch oder in die Brust?

Mache jetzt die Zwanzig Verbundenen Atemzüge und beobachte in gleicher Weise deine Atmung und anschließend deine Gedanken.

Wenn du diese Übung jeden Tag ein Jahr lang praktizierst, wirst du sehr viel über deinen Atem erfahren.

Rebirthingausbildung

Die Rebirthingausbildung ist ein tiefer Prozess, der für Menschen konzipiert ist, die bereit sind, intensiv an ihrem Erwachen und spirituellen Wachstum zu arbeiten.

Das Ziel ist Kraft, Klarheit, Leichtigkeit, Freude, Unbegrenztheit zu erfahren und diese Erfahrungen und daraus gewonnen Erkenntnisse in das eigene Leben zu integrieren, und anderen Menschen dieses Wissen zu vemitteln und sie durch tiefgreifende Prozesse zu begleiten.

Es werden Teile aus alten Mysterienschulen, wie dem Sufismus und Veden gelehrt.

Die Ausbildung beinhaltet Theorie und Praxis: Die Kraft des Atems, Einzel-, Partner- und Gruppenrebirthing, Kalt- und Warmwasser-Rebirthing. Es werden verschiedenen Atemtechniken erlernt und erfahren, sowie sanfte Körper- und Energiearbeit, Meditationen, Rituale und Gesprächskreise. Das Wichtigste während der Zeit der Ausbildung sind die Eigenprozesse.

Die Ausbildung wendet sich vorwiegend an Personen in helfenden und heilenden Berufen, aber auch an interessierte Laien.

Mehr Informationen erhalten Sie bei:
Konrad Halbig
Almstr. 4
84424 Burgrain
Tel: +49-(0)8083-1443, Fax: +49-(0)8083-9416,
e-mail: koha-verlag@t-online.de
homepage: www.koha-verlag.de

Peter Greb

GODO

Mit dem Herzen gehen

Paperback, DM 24,80
ISBN 3-929512-72-6

Die Auswirkung der Gangart auf Körper, Geist und Seele sind bedeutender als wir ahnen. Dr. med. Peter Greb beschäftigt sich seit 25 Jahren mit dem menschlichen Gangverhalten. GODO ist keine neue Theorie, keine neue Methode, sondern die Erinnerung an die Tatsache, dass wir genetisch angelegte Ballengänger sind. Die ersten Schritte des Kleinkindes erfolgen spontan über die Vorderfüßchen. Dieses Buch wird dem Leser helfen, starre Bewegungsmuster loszulassen, die viele Krankheiten wie Venenleiden, Asthma, Rückenschmerzen und vorzeitige Alterungsprozesse verursachen.

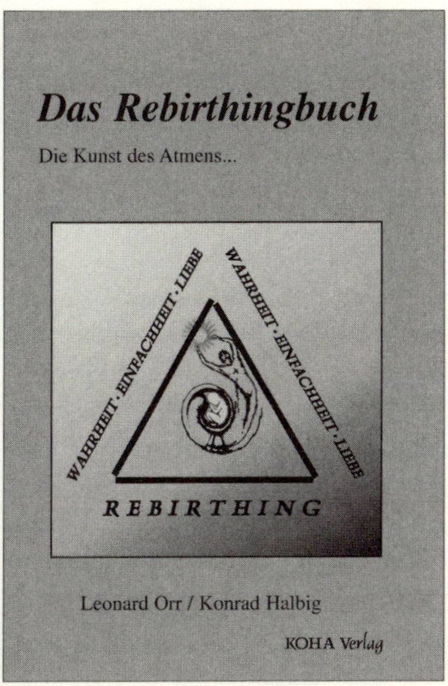

Leonard Orr / Konrad Halbig

Das Rebirthingbuch

Die Kunst des Atmens...

ISBN 3-929512-08-4, Pb,
200 Seiten, DM 27,00

Das Standardwerk für Rebirthing und Atemtherapie. Leonard Orr, Begründer von Rebirthing und Konrad Halbig, Rebirthingtrainer, zeigen durch ihre Offenheit, wie sie sich selbst durch Rebirthing heilen konnten und geben Einblick in die Magie des Atems und der Elemente.

Lee Carroll

KRYON

Die Reise nach Hause

gebunden, 272 Seiten DM 38,00
ISBN 3-929512-71-8

In dieser faszinierenden Parabel wird die Geschichte von Michael Thomas erzählt, einem scheinbar gewöhnlichen Mann, der in Minnesota geboren wurde und nun in Los Angeles arbeitet. Er stellt das Abbild des normalen – und unzufriedenen – Amerikaners dar. Nach einem Überfall, der ihn in Todesgefahr bringt, wird Michael von einem weisen Engel besucht und gefragt, was er sich in Wahrheit vom Leben wünscht. Michael antwortet, daß er eigentlich … NACH HAUSE gehen möchte! Um sein endgültiges Ziel zu erreichen, muß Michael zunächst eine Reihe von Abenteuern und Prüfungen in einem erstaunlichen Land von Engelwesen, weisen Lehrern und finsteren Kreaturen bestehen. Michaels Suche ist so ergreifend, humorvoll und erstaunlich, wie er es sich nie hätte träumen lassen.

Uta Panhof

Gogo der Talisman

oder: wo Wünsche bereits verwirklicht sind

Taschenbuch, 180 Seiten
DM 27,00, ISBN 3-929512-60-2

Gogo ist die bezaubernde Geschichte, in der Belinda mit Hilfe ihres Talismans und dem Wächter ihrer Gedächtnisdatenbank ihr Leben gründlich durchforscht. Multidimensionale Wahrträume und parallele Realitäten lassen nicht nur der Fantasie in ihrem Computergehirn Flügel wachsen. Die Suche nach dem, was hinter den Gedanken wirkt, ist spannend und geht uns alle an.

Lee Carroll / Jan Tober

Die Indigo Kinder

Paperback, DM 34,00

ISBN 3-929512-61-0

Ein Indigo-Kind ist ein Kind, das eine Reihe neuer und ungewöhnlicher psychologischer Merkmale aufweist sowie Verhaltensmuster an den Tag legt, die im allgemeinen aus früheren Zeiten nicht belegt sind. Diese Muster kennzeichnen Faktoren, die so einzigartig sind, daß sie Eltern und Lehrern einen absoluten Kurswechsel beim Umgang mit diesen Kindern und deren Erziehung abverlangen, wenn sie ihnen helfen wollen, ihr inneres Gleichgewicht zu finden und Frustration zu vermeiden.

In diesem Band bringen Carrol und Tober einige hochgradig kompetente Fachleute u. a. aus Medizin, Pädagogik und Psychologie zusamen, die einiges Licht auf das Phänomen „Indigokinder" werfen. Diese Kinder sind wirklich etwas Besonderes, und sie stellen einen großen Prozentsatz der Kinder, die heute weltweit geboren werden. Sie "wissen" bei ihrer Ankunft auf diese Welt ganz genau, wer sie sind – also wollen sie auch als das erkannt werden, für ihre außergewöhnlichen Qualitäten gefeiert werden und mit Liebe und Sorgfalt angeleitet werden.

Tom Kenyon / Virginia Essene

Die Hathor Zivilisation

Taschenbuch, DM 34,00

Wir sind die Hathoren, Meister der Liebe und des Sounds von der aufgestiegenen intergalaktischen Zivilisation. Wir waren im alten Ägypten und Tibet und sind zurückgekommen, um der gegenwärtigen Evolution beizuwohnen. Wir helfen euch die wahre Erdgeschichte zu verstehen, die Bedeutung der DNS, und lehren die Heilenergie übereinzustimmen mit eurer spirituellen Ausrichtung.

Drunvalo Melchizedek

Die Blume des Lebens Band 1

228 Seiten, gebunden, DM 48,00 ISBN 3-929512-57-2

Drunvalo Melchizedek studierte in Berkeley Kalifornien zunächst Physik und dann Kunst. In den letzten 25 Jahren studierte er bei vielen unterschiedlichen Meistern Sufismus, Hinduismus, Buddhismus, Taoismus und die Philosophie und Religion der Indianer. In diesem ersten Band beschreibt er die Entwicklung der Menschheit von vergangenen Zivilisationen bis zur heutigen Zeit. »Die Blume des Lebens« (Flower of Life) ist das Schöpfungsmuster allen Lebens im Universum. Die Heilige Geometrie ist die Form zwischen unserem Sein und der göttlichen Ordnung in unserer Wirklichkeit. Wir folgen dieser Ordnung vom unsichtbaren Atom bis hin zu den unendlichen Sternen und finden uns in jedem Zwischenschritt wieder. Die Informationen in diesem Buch sind anhand vieler Zeichnungen und Bilder in einer Weise dargestellt, die den weiblichen Zugang des intuitiven Verstehens ermöglicht.

Drunvalo Melchizedek

Die Blume des Lebens Band 2

240 Seiten, gebunden DM 48,00 ISBN 3-929512-63-7

Aus dem Inhalt:

- ❍ Der geistige Weg und heilige Geometrie
- ❍ Das linke Auge des Horus – Mysterienschule
- ❍ Alte Einflüsse auf unsere moderne Welt
- ❍ Die Mer-Ka-Ba, der menschliche Lichtkörper
- ❍ Die Mer-Ka-Ba - Geometrien und Meditation
- ❍ Die Mer-Ka-Ba und die Siddhis
- ❍ Liebe und Heilung
- ❍ Die drei Ebenen des Selbst
- ❍ Dualität transzendiert
- ❍ Übergang in eine neue Dimension
- ❍ Die neuen Kinder

Paul Dong / Thomas E. Raffill

Indigo -Schulen

Chinas Trainingsmethoden für medial begabte Kinder

Paperback, DM 34,00

ISBN 3-929512-62-9

In Chinas riesiger Bevölkerung hat sich offenbar, bestärkt von der chinesischen Regierung, die eine gewissenhafte Förderung parapsychologischer Forschung betreibt, ein ungewöhnlich hoher Prozentsatz von Menschen mit übersinnlichen Fähigkeiten herausgebildet. Darunter sind Menschen mit der Gabe Dinge aus der Vergangenheit zu sehen und Zukünftiges vorherzusagen, dem Vermögen, fahrende Autos anzuhalten, durch Wände zu gehen, Farben und molekulare Strukturen zu verändern. Wie zu erwarten, wurde die chinesische Regierung auf diese Fähigkeiten aufmerksam und wünscht sie für militärische Zwecke zu nutzen. Der international bekannte Schriftsteller und Redakteur Paul Dong, mittlerweise US-Bürger, unterhält auch nach seiner Übersiedlung in die Vereinigten Staaten noch enge Verbindungen mit chinesischen Wissenschaftlerkreisen.

Jasmuheen

Botschaft der Aufgestiegenen Meister

Paperback, 240 Seiten

DM 27,00, ISBN 3-929512-52-1

Seit sich Jasmuheen von Prana ernährt, arbeitet sie intensiv mit den Aufgestiegenen Meistern zusammen. Botschaften, die sie in ihren Meditationen erhält, werden in diesem Buch weitergegeben. Mutter Maria, Sananda, Arcturius, Kuthumi und St. Germain sprechen über den geistigen Pfad, spirituelle Psychologie und die Lehren der Aufgestiegenen Meister. Es ist ein praktisches Handbuch, um den Aufstieg zu beschleunigen und enthält sehr viel direktes und klar strukturiertes Wissen aus der geistigen Welt.

Jasmuheen

Lichtnahrung

Paperback, 190 Seiten
DM 34.00, ISBN 3-929512-26-2
6. Auflage

Dieses Buch zeigt uns einen revolutionären Ernährungs- und Lebensweg für das neue Jahrtausend.
Seit 1993 ernährt sich die Australierin Jasmuheen von Licht. Sie beschreibt ihre Erfahrungen aus diesem sehr tiefgreifenden und heilenden Prozeß.
Schwerpunkt dieses Buches ist ein »21-Tage-Prozeß«. Wer ihn durchläuft, kann dadurch einen außergewöhnlichen Zustand des Seins erreichen, der bisher nur Heiligen vorbehalten war.
In Prophezeiungen und Weissagungen wird berichtet, daß wir vor der Zeit der großen Umwälzung Methoden finden werden, uns durch Licht zu ernähren.
Auch in Englisch: »Living On Light«, ISBN 3-929512-35-1

Jasmuheen

In Resonanz

380 Seiten, gebunden, DM 46,00
ISBN 3-929512-28-9

Jasmuheen studierte 22 Jahre die metaphysischen Resonanzgesetze und vermittelt uns in einer einfachen Sprache ihre tiefgreifenden Einsichten. Schwerpunktthemen sind die Erhöhung der Schwingungsfrequenz, Channeln, Meditation und Fähigkeiten wie Hände auflegen, Hellsichtigkeit, Teleportation und vieles mehr.
Fundierte Informationen und viele praktische und bewährte Techniken setzen einen neuen Maßstab!
Auch in englisch: »In Resonance«, ISBN 3-929512-36-X

Jasmuheen

LICHT BOTSCHAFTER

240 Seiten, Paperback DM 34,00
ISBN 3-929512-59-9

Dies ist ein weiteres Buch zum Thema Lichtnahrung mit vielen neuen Gesichtspunkten und Erkenntnissen.
Seit nunmehr sechs Jahren wird Jasmuheen von der universellen Lebenskraft genährt. Als Botschafterin des Lichts reist sie durch die Welt, um ihre Erfahrungen und Erkenntnisse weiterzugeben. Immer mehr Menschen lassen sich inspirieren und entscheiden sich für ein Leben, in dem sie der Stimme ihres Herzens folgen. Allein in Deutschland, Österreich und Schweiz haben schätzungsweise 3000 Personen den 21tägigen Prozeß zur Umwandlung auf Prana-Nahrung gemacht. Jasmuheen hat per Fragebogen und Internet die Erfahrungen vieler Personen rund um den Globus gesammelt und für dieses Buch zusammengetragen. Nachdem sie in »Lichtnahrung« ihren persönlichen Weg beschrieben hat, geht es diesmal um die weltweite Weiterentwicklung und den globalen Aspekt der Lichtnahrung.

Hrsg: Halbig /Schnellbach

Babaji

In Wahrheit ist es einfach Liebe

ISBN 3-929512-11-4, Paperback
200 Seiten, DM 27,00

Babaji ist der große Avatar, der in der »Autobiographie eines Yogi« von Yogananda beschrieben wird. Zuletzt lebte er von 1970 bis 1984 in Indien, an einem Ort der »Kraftvollster Platz des Universums« genannt wird. Auf geheimnisvolle Weise tritt er auch heute mit Menschen in Kontakt. Acht Autoren beschreiben ihre ganz persönliche Begegnung mit Babaji, und jede dieser acht Geschichten ist spannend und einzigartig.

Drunvalo
MER-KA-BA
CD DM 38,00, 60 min
ISBN 3-929512-64-5

Auf dieser CD leitet Drunvalo selbst die Mer-Ka-Ba Meditation mit der Einheitsatmung an. Zuerst wird die persönliche Mer-Ka-Ba aufgebaut, stabilisier, in Bewegung gebracht und und dann mit Mutter Erde und Vater Himmel verbunden.
Die CD beinhaltet zwei Meditationen: Die Originalfassung, gesprochen von Drunvalo und die deutsche Übersetzung. Musik: Karl Grunick.

Nina Hagen
OM NAMAH SHIVAY
CD DM 38,00, 60 min
ISBN 3-929512-58-0

Heilige Gesänge und Lobpreisungen. Schwungvoller Rhythmus, hingabevolle Kompositionen, kombiniert mit indischen Klangelementen, und Mantren, die heilige und freudvolle Klangwelt Indiens.
Nina macht uns in wunderbarer Weise mit einigen der kraftvollsten Mantren vertraut, die gerade jetzt zu diesem Zeitpunkt so wichtig für die Menschen sind.

Felix M. Woschek / Konrad Halbig

Amba - A Love Chant

CD 60 min DM 38,00

ISBN 3-929512-10-6

Eine wunderbare Musik, die direkt das Herz berührt. Gesungen werden heilende Mantras aus Tibet und Indien, die die eigenen Kräfte von Körper, Geist und Seele positiv unterstützen und den Zuhörer mit seinem göttlichen Selbst verbinden.

Jasmuheen, Nhanda Devi, K. Halbig, A. Brunnmeier

Tantra - Secret Love

CD 60 min DM 38,00

ISBN 3-929512-27-0

Sinnliche Musik pur! Nhanda Devi singt Jasmuheens Mantra »One Heart, One Mind«, zu dem tantrischen Vajra Sattva und Jasmuheen leitet zu Tao-Yoga-Übungen an. Dann wird die Musik zunehmend tragend und weiträumig und läßt den Hörer weich floaten.

Konrad Halbig
und dasTbilisi Symphonie
Orchester

Quantum 2

CD 60 min DM 38,00
ISBN 3-929512-31-9

Quantum 2 ist eine aktive Atemmeditation und reines Vergnügen.

Focali / Halbig / Jauch

Chakra-Breathing

CD 60 min DM 38,00
ISBN 3-929512-49-1

Eine sehr wirkungsvolle und dynamische Sufi-Atemmeditation zur Reinigung aller Chakren.

P. Wanninger/ F. Schmuck

Angelic Harmony

CD 60 min DM 38,00
ISBN 3-929512-53-X

Engels-Chöre und das himmlische Orchester laden ein zu einer Traumreise in feinstoffliche Welten. Musik zum Schweben.